U0077039

美股警官的實戰選股攻略

施雅棠——著

Contents 目錄

★

享受投資樂趣

　　自從上一本著作《30 歲警官靠美股提早退休》出版以來，竟然也過了 2 年多。還記得我在上一本書中，從投資美股的前置作業，像是如何開戶、怎麼匯款等開始書寫，接著進入美股實戰，並介紹特別股及公司債等固定收益產品，讓讀者可以隨著書中內容，一步一步上手美股和美債。既可賺價差，又可領配息。

　　不過，隨著美國聯準會（Fed）不斷降息，債券的配息愈來愈少，並導致固定收益產品價格水漲船高，如今想尋求高利率的固定收益產品並不容易。

　　而我認為，在低利率環境中，如果仍要執意買進高利率的固定收益產品，反而會面臨違約率大幅升高的風險，所以我也因此調整投資策略，從原先美股及美債互相搭配，改以持有美股及 ETF 為主。

　　我現在將自己的投資組合分為 2 成 ETF、4 成配息股及 4 成成長股。其中，ETF 以追蹤美國指數的 ETF 為主，並以類似存股的方式進行，

會維持固定投入比重，並不會隨意賣出。我認為隨著經濟持續發展，美國股市繼續向上的機率仍然非常高，未來獲利還是很令人期待。

　　配息股則以營運穩定成熟，可連續調升股息多年的公司為主，也就是「股息成長股」。根據 The Dividend Investing Resource Center 網站統計，在美股市場中，現在連續調升 10 年股息成長的公司達到 443 家。通常這類公司股價波動較低，只要企業未來營運良好，當股價拉回時很適合分批逢低加碼，並隨時間推移累積獲利。

　　成長股指的是我認為未來幾年平均營收成長率將超過 15% 的公司，這類公司所處產業通常正處於快速成長期，所以配息通常發得不多，甚至完全不發，並將節省下來的資金用於投資公司本身業務，推動未來營收持續高速成長。但營收成長愈快，往往也會伴隨更大的股價波動，所以此類股票適合搭配技術分析判斷趨勢強弱，才能控制虧損鎖住獲利。

　　我認為透過 ETF、配息股及成長股三者互相搭配，將可達到降低資產波動、提高報酬率的效果，並讓投資組合更加穩健成長。

　　原本我在 2019 年 6 月離開警官工作時，想說可以開始環遊世界到

處玩，想不到沒多久就發生新冠肺炎（COVID-19）疫情，不但威脅到全球民眾的健康，更造成美股多次熔斷大跌，但這也讓我從中學到更多寶貴經驗，並使我有了寫第 2 本書的想法。

自從我離開警官工作以來，陪伴女兒的時間更多了，這本書的一字一句，都是我在陪伴女兒過程中打出來的。當我看著女兒漸漸長大，其實也萌生想教她投資的想法，這也更讓我有動力寫下第 2 本書，希望女兒將來長大看到，依然受用。

與上一本書偏向美股基礎觀念介紹相比，《美股警官的實戰選股攻略》這本書會分享更多投資美股的實戰攻略。

全書共分成 11 章：Chapter 1 介紹投資美股的基礎知識，帶你輕鬆上手美股；Chapter 2 帶你建立股票清單，找到績優好公司；Chapter 3 説明分析股票的流程，帶你深入評估企業營運；Chapter 4 帶你判斷企業體質，避免買到地雷股；Chapter 5 帶你評估企業合理價值，不再買貴住套房；Chapter 6 介紹風險控管訣竅，教你如何降低資產波動幅度；Chapter 7 教你如何利用技術分析確認股價趨勢，解析股票買賣時機；Chapter 8 介紹不同資產特性，讓你學會如何組成最佳資產配置；Chapter 9 分享提升現金流祕訣，讓你能輕鬆

增加被動收入；Chapter 10 解析常見決策偏誤，幫你破除投資迷思；Chapter 11 解析 15 檔實戰案例，教你如何學以致用。

透過本書循序漸進的編排，相信可以讓大家更快上手美股，享受投資的樂趣，並從中思考最適合的策略，找到屬於自己的獲利方程式。

最後，在此特別感謝《Smart 智富》副總主筆劉萍、記者周明欣對本書諸多相助，使本書得以順利出版。另外，也非常感謝理財作家小資女艾蜜莉、算利教官楊禮軒、定錨產業筆記站長 Paulson 替我友情推薦。這一路上，我要感謝的朋友真的太多，祝福每位朋友未來都能幸福美滿。

美股夢想家

施雅棠

Chapter 1

前進美股市場

　　這幾年常常有朋友問我：「應該怎麼開始投資？」我覺得首先可以思考，自己收入來源有哪些？本業收入有多少？接著了解自己的消費習慣，哪些是一定要花的錢？哪些是可以省下來的錢？並以此計算至少準備半年的生活預備金，避免意外失去工作收入，導致生活突然陷入困境。

　　先準備好這筆預備金後，可以開始清點手上還有多少資產及負債。至於資產和負債該怎麼分？其實很簡單，可以持續替你帶來金流的，才可稱為「資產」，例如股票配息、銀行利息及工作薪水等；而會從你手上帶走金流的，就是「負債」，例如車貸、房貸、學貸等。只有先清楚自己有多少資產及負債，才能建立一套產生現金流的系統。

　　只要持續累積資產，最終資產帶來的金流，扣除負債帶走的金流，也足以支應生活所需開銷時，自然就不用煩惱金錢問題。清點完資產

和負債後，接著，可以開始擬定具體計畫執行：

1. 未來理財目標為何？
2. 需要多少報酬率？
3. 投資期限有多長？
4. 未來有多少現金可以持續投入？
5. 可以承擔的最大風險為何？

比方說，我以前從事警官工作，起薪約 7 萬元左右，這份工作比許多剛進職場的新鮮人高，所以我起始點比別人好，但缺點就是薪資有「天花板」──公家機關並不可能大幅度調薪，而且還規定不能兼職，所以我若要增加收入來源，唯有透過投資達成目標。當時我大約是 22 歲，我立下 30 歲資產至少要達成千萬元的目標。那時我身上資產是零，但由於警察大學為公費學校，所以我也沒有學貸壓力。在清點生活所需開銷後，我估計每月至少可以存 4 萬元左右。

從 22 歲到 30 歲，中間約有 8 年時間，如果我每個月可以存 4 萬元，那報酬率要多少，才能達成 1,000 萬元的目標？答案是每年報酬率平均需達成 21%，8 年後，資產才可達到 997 萬元（這部分網路上有許多試算表，不用自己算，詳見圖 1），將近 1,000 萬元。

從這範例不難發現，影響最終資產大小的只有 3 個變數：

1. 每月可投入多少現金？
2. 投資期限多長？
3. 平均每年報酬率多少？

就「每月可投入多少現金」來說，由於我以前是公務人員，而且規定不能兼職，所以每月可投入資金很難增加。但若你沒有這些限制，可以先思考現在的工作，未來有沒有調升薪水的機會？可以透過什麼管道增加收入？可能是進修學習或兼開副業等。若有更高、更穩定的收入來源，比起別人就會擁有更多優勢，資產會累積得更快。

至於「投資期限多長」及「平均每年報酬率多少」，也是重要的思考議題。雖然坊間常會看到「重壓某檔飆股，1 年暴賺數倍」的例子，但更多的卻是「重壓慘賠」的案例。媒體很少會報導失敗案例，只有成功者才會受人追捧，失敗者早已被遺忘在歷史中。

當你的投資期限愈短，期待的報酬率愈高，就會承擔更多風險。因此，投資人應該仔細思考自己的投資目標及風險承受度，並按步驟有紀律執行，賺錢流程就會愈來愈自動化。

圖1 每月投資4萬、年報酬率21%，8年達997萬
—— 資產試算表範例

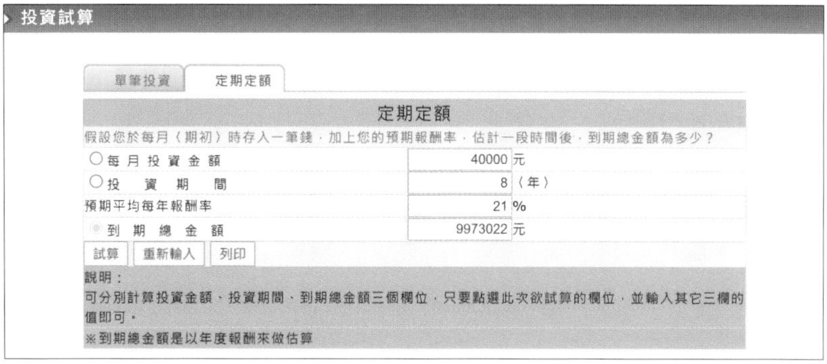

投資試算		
單筆投資	定期定額	
	定期定額	
假設您於每月（期初）時存入一筆錢，加上您的預期報酬率，估計一段時間後，到期總金額為多少？		
○ 每 月 投 資 金 額	40000	元
○ 投 資 期 間	8	（年）
預期平均每年報酬率	21	%
◉ 到 期 總 金 額	9973022	元
試算　重新輸入　列印		
說明： 可分別計算投資金額、投資期間、到期總金額三個欄位。只要點選此次欲試算的欄位，並輸入其它三欄的值即可。 ※ 到期總金額是以年度報酬來做估算		

資料來源：https://invest.fubonlife.com.tw/MoneyCalc/calc04.htm

美國股市為全球最大資本市場

我自己是從 22 歲開始學習投資，並決定在 30 歲那年離開警官工作，全心研究投資，也有更多時間陪伴家人。最初，我也是從台股起步，直到 2012 年才下定決心研究美股，原因很簡單，美國股市為全球最大資本市場，我們耳熟能詳的蘋果、微軟、好市多、星巴克、嬌生、寶僑等，統統都在美國上市（註 1）。

我認為與其買這些美國公司在台灣的相關概念股，倒不如直接去買

這些本尊的美股。

　以寶僑為例,我們生活周遭充斥許多這家美國公司生產的產品,像是每天洗頭髮會用的海倫仙度絲、刮鬍子會用的吉列(Gillette)刮鬍刀、生理期要用的好自在衛生棉、包尿布要用的幫寶適等,這都是寶僑的品牌。

　由於營運穩定向上,寶僑發股息從不手軟,自1890年成立以來,至今已連續配息131年,且近65年更是連續提高股息!有沒有覺得很不可思議?配息131年,等於從清朝光緒年間就配息到現在。

　而美國像寶僑這樣,連續配息多年,且連續提高股息的公司其實有很多。根據The Dividend Investing Resource Center網站統計,美股市場中,連續10年提高股息的企業有443家,而且美股中不僅有許多高股息的股票可投資,許多新創企業也都在美股上市,讓投資人可以參與高速成長產業發展。

註1:蘋果(Apple)美股代號:AAPL、微軟(Microsoft)美股代號:MSFT、好市多(Costco)美股代號:COST、星巴克(Starbucks)美股代號:SBUX、嬌生(Johnson & Johnson)美股代號:JNJ、寶僑(P&G)美股代號:PG。

　　此外，美國還有 ETF、債券、特別股、REITs（不動產投資信託）等各種商品可以投資，可幫助你打造最佳資產配置，領取穩定現金流，取得更優異的報酬！

　　再加上擁有美股帳戶非常容易，網路上搜尋就有許多開戶影片，只要上網填資料就能完成開戶，將資金匯款後，就能立刻踏上美股投資之旅！

善用自動下單功能，不需熬夜盯盤

　　當然，許多人會擔心，美股開盤時間都在晚上（註 2），交易上會不會很麻煩？但實際上，投資人只要善用券商的自動下單功能，不需要熬夜盯盤也能夜夜好眠。

　　許多常見海外券商，如嘉信理財（Charles Schwab）、德美利證券（TD Ameritrade）及盈透證券（Interactive Brokers）等，都可預

註 2：美股開盤時間為美東時間 09：30 ～ 16：00，換算成台灣時間為夏令（3 月中～ 11 月初）21：30 ～ 04：00、冬令（11 月中～隔年 3 月初）22：30 ～ 05：00。

先設定買賣的金額、股數,如此一來,就算股價大幅波動,投資人也
能在達到預設價位時進出場。

運用4種下單方式,有效控制風險

一般來説,美股常見的下單方式可分為 4 種,分別是市價單、限價
單、停損單及追蹤停損單(詳見表 1)。

下單方式1》市價單(Market Order)

「市價單」的意思就是以當前市場上的價格下單。像是買進的話,
是以「當前最低可買進的金額」下單;賣出的話,則是以「當前最高
可賣出的金額」下單,投資人不需要設定成交價格。若投資人利用市
價單下單,可以使訂單快速成交。

下單方式2》限價單(Limit Order)

「限價單」是投資人以相對於目前的價格,指定較為有利的價格下
單。若投資人利用限價單下單,則只有股價達到設定的價格以後才會
執行,像是買進的話,只有在股價「小於或等於設定的價格」時,才
會成交;賣出的話,則是在股價「大於或等於設定的價格」時,才會
成交。

表1 市價單可保證完成交易，但不保證成交價格
——美股4種下單方式

下單方式	優勢	注意事項
市價單 （Market Order）	保證完成交易，能盡快停利、停損	不保證成交價格
限價單 （Limit Order）	成交價可能以更好的價格進行交易	股價未達到設定的價格將不啟動交易
停損單 （Stop Order）	保護利潤和控制損失	停損市價單以市價停損；停損限價單以限價停損，但不保證百分之百以限價成交
追蹤停損單 （Trailing Stop Order）	停損價格是自動調整	價格下降時，停損價會保持不變

下單方式3》停損單（Stop Order）

停損單可以再細分為「停損市價單」和「停損限價單」2種，兩者最大的不同在於觸及停損價後成交價設定不同：當股價觸及預先設定的停損價位後，停損市價單會以市價單的方式成交，而停損限價單則以限價單的方式成交。

舉例來說，投資A股票100美元，想要在90美元停損，則：

①**設定停損市價單**：設定好停損價90美元後，當股價跌破90美元就會立即以市價賣出，但停損價格未必一定是90美元，因為股價

有時會跳空下跌，直接向下穿過 90 美元。

②**設定限價停損單**：此種方式可以限定價格停損。同樣以 A 股票為例，投資 A 股票 100 美元，想要 90 美元停損，但又希望至少停損在 85 美元以上，那就會先設定停損價 90 美元，接著設定限價單 85 美元。設定完畢後，當股價跌破 90 美元，85 美元的限價單就會立即生效，保證至少以 85 美元以上價格停損。但若股價跳空下跌，直接向下穿過 85 美元價格，那就不會成交。

下單方式4》追蹤停損單（Trailing Stop Order）

追蹤停損單並不明確指定停損的價格，停損價會追蹤股價的價差，價差可用金額或百分比表示，所以追蹤停損單的停損價會自動調整。當市場價格上升時，停損價將隨市場波動而變化。若投資人選擇賣出一張追蹤停損單，則當市場價格上升時，停損價也將隨之上升；但當市場價格下降時，停損價將保持不變。

以上，是美股 4 種下單方式的比較，投資人只要善用這些下單方式，有效控制風險，就不用擔心市場波動，穩健獲取報酬，安然度過美麗夜晚。

Note

Chapter 2

建立選股名單

　　美國上市企業多達數千家，在剛開始投資美股時，常不知道要從何找起。我覺得對於美股初學者來說，剛開始投資時，可從生活周遭常見的公司找起，像是臉書、Google、亞馬遜、Nike、Netflix（註1）等，都是我們耳熟能詳的企業。

　　而且因為我們都很熟悉這些企業的產品或服務，研究起來可以省下不少時間。

　　如果投資人不滿足於只操作上述這些耳熟能詳的公司，想要認識更多美國公司的話，我認為善用「Finviz」這個網站（網址：finviz.com）來搜尋，是最簡單實用的方法。

　　Finviz 結合基本面、技術面及籌碼面，而且完全免費，可以設定多達數十種條件，只要動動手指，不用幾秒鐘，就可列出符合條件的股

票（搜尋方式詳見圖解教學 1）。以下我會和大家分享，我自己是如何選股的。

方法1》用3條件篩出優質成長股

實務上，我自己常設立的選股條件有 3 項：

條件①》市值大於100億美元

選擇「市值大於 100 億美元」的原因是市值愈高，股價拉抬的難度愈高，進場炒作的資金要夠大才拉得動股價。而且現在資訊流通速度愈來愈快，市場效率很高，若這些公司可以吸引相當規模資金進駐，可能也代表公司未來潛力很被市場看好。

條件②》成交量大於過去3個月平均交易量的2倍

選擇「成交量大於過去 3 個月平均交易量 2 倍」的原因，是因為這

註 1：臉書（原 FB，2021 年年底更名為 Meta）美股代號：MVRS、Google（其母公司為字母公司（Alphabet））美股代號：GOOG（C股，無投票權）和 GOOGL（A 股，有投票權）、亞馬遜（Amazon）美股代號：AMZN、耐吉（Nike）美股代號：NKE、網飛（Netflix）美股代號：NFLX。

代表此檔股票在近期受到關注的程度提高，可搭配企業未來獲利動能及當前股價估值一起觀察，看看該公司有沒有機會因未來獲利上調或股價低估，促使股價在近期發動漲勢。

條件③》價格上漲

選擇「價格上漲」的原因，是因為這代表此檔股票的買盤大於賣盤，且可能有大量買盤資金進場，造成股價上漲。若該股票已在相對低檔盤整一段時間，而價格卻伴隨成交量有所突破，可能代表整理即將結束，可望迎來新一波上漲趨勢。基本上，每天美股收盤後，我都會利用 Finviz 網站，看看有沒有符合上述這 3 項條件的公司。

當然，這並不是說符合這 3 項條件的公司，就代表股價一定會發動漲勢，但股價會發動漲勢的公司，經常會符合這 3 項條件。

以下列舉我利用這 3 項條件找出的 3 家好公司：

案例❶》Snap（美股代號：SNAP）

Snap 最新市值 875 億美元，它在 2020 年 4 月 22 日出現「爆量上漲」的情況，當天股價最高價 17.15 美元，最低價 14.85 美元，收盤價 17.01 美元。

圖1 Snap股價6個月上漲127%
——Snap（美股代號：SNAP）日線圖

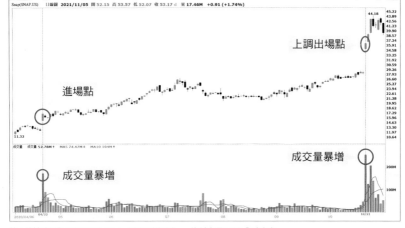

註：統計時間為 2020.04.06～2020.10.30　　資料來源：XQ 全球贏家

　　若投資人在 Snap「爆量上漲」後的下一個交易日（2020 年 4 月 23 日）進場，可將停損點設在 4 月 22 日股價最低點 14.85 美元下方 5%～10%，若跌破就停損出場，若沒跌破就抱緊處理。

　　後來 Snap 股價持續上漲（詳見圖 1），直到 2020 年 10 月 21 日才又出現爆量，當天股價最高價 38.89 美元，最低價 34.52 美元，收盤價 36.5 美元。

由於 Snap 在 2020 年 4 月 22 日～2020 年 10 月 21 日中間，股價從未跌破 2020 年 4 月 22 日低點，故可一路抱緊，波段漲幅達 127%（＝2020 年 10 月 21 日收盤價 36.5 美元÷2020 年 4 月 23 日收盤價 16.06 美元－1×100%）。

而隨著 2020 年 10 月 21 日成交量再度出現爆量，此時出場點可跟著上調為當日股價最低點 34.52 美元下方 5%～10%。

若未來的日子，Snap 的股價跌破此低點（即 34.52 美元下方 5%～10%），可出場鎖住獲利，而若未來的日子，Snap 的股價繼續上漲並出現新的爆量，則可將出場點繼續上調，以此類推。

案例❷》PayPal（美股代號：PYPL）

PayPal 最新市值 2,500 億美元，它在 2020 年 5 月 7 日出現「爆量上漲」的情況，當天股價最高價 147.2 美元，最低價 139.28 美元，收盤價 146.29 美元。

若投資人在 PayPal「爆量上漲」後的下一個交易日（2020 年 5 月 8 日）進場，可將停損點設在 5 月 7 日股價最低點 139.28 美元下方 5%～10%，若跌破就停損出場，若沒跌破就抱緊處理。

圖2 PayPal股價6個月上漲24%

——PayPal（美股代號：PYPL）日線圖

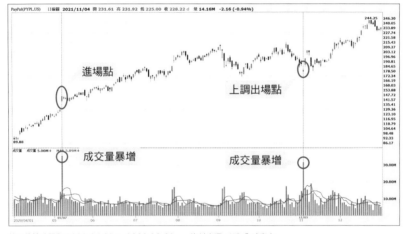

註：統計時間為 2020.04.01 ～ 2020.12.31　　資料來源：XQ 全球贏家

後來 PayPal 股價持續上漲（詳見圖 2），直到 2020 年 11 月 3 日才又出現爆量，當天股價最高價 188.75 美元，最低價 174.81 美元，收盤價 179.81 美元。

由於 PayPal 在 2020 年 5 月 7 日～ 2020 年 11 月 3 日中間，股價從未跌破 2020 年 5 月 7 日低點，故可一路抱緊，波段漲幅達 24%（＝ 2020 年 11 月 3 日收盤價 179.81 美元 ÷ 2020 年 5 月

8 日收盤價 144.96 美元－1×100%）。

而隨著 2020 年 11 月 3 日 PayPal 的成交量再度出現爆量，此時出場點可跟著上調為當日股價最低點 174.81 美元下方 5%～10%。

若未來的日子，PayPal 的股價跌破此低點（即 174.81 美元下方 5%～10%），即可出場鎖住獲利，而若未來的日子，PayPal 的股價繼續上漲並出現新的爆量，則可將出場點繼續上調，以此類推。

案例❸》輝達（NVIDIA，美股代號：NVDA）

輝達最新市值 7,500 億美元，它在 2020 年 5 月 15 日出現「爆量上漲」的情況，當天股價最高價 85.01 美元，最低價 78.74 美元，收盤價 84.91 美元。

若投資人在輝達「爆量上漲」後的下一個交易日（2020 年 5 月 18 日）進場，可將停損點設在 5 月 15 日股價最低點 78.74 美元下方 5%～10%，若跌破就停損出場，若沒跌破就抱緊處理。

接著，輝達在 2020 年 5 月 22 日又出現爆量，當天股價最高價 90.93 美元，最低價 87.13 美元，收盤價 90.26 美元。但因為此

圖3 輝達股價3個月上漲45%
—— 輝達（美股代號：NVDA）日線圖

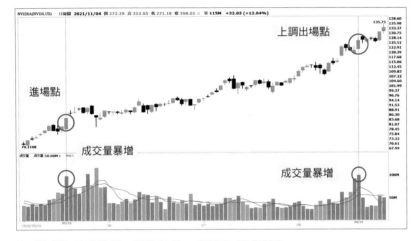

註：統計時間為 2020.05.01 ～ 2020.08.31　　資料來源：XQ 全球贏家

時並沒有跌破 5 月 15 日股價最低點，所以會繼續抱緊。

　　短短沒幾天後，輝達在 2020 年 5 月 27 日又出現爆量，當天股價最高價 86.33 美元，最低價 79.97 美元，收盤價 85.25 美元，但還是沒有跌破 5 月 15 日股價最低點，所以會繼續抱緊。

　　然後輝達終於發動漲勢（詳見圖 3），直到 2020 年 8 月 21 日才

又出現爆量，當天股價最高價 128.09 美元，最低價 121.95 美元，收盤價 126.84 美元。

由於輝達在 2020 年 5 月 15 日～2020 年 8 月 21 日中間，股價從未跌破 2020 年 5 月 15 日低點，故可一路抱緊，波段漲幅達 45%（＝ 2020 年 8 月 21 日收盤價 126.84 美元÷2020 年 5 月 18 日收盤價 87.5 美元－1×100%）。

而隨著 2020 年 8 月 21 日輝達的成交量再度出現爆量，此時出場點可跟著上調為當日股價最低點 121.95 美元下方 5%～10%。

若未來的日子，輝達的股價跌破此低點（即 121.95 美元下方 5%～10%），可出場鎖住獲利，而若未來的日子，輝達的股價繼續上漲並出現新的爆量，則可將出場點繼續上調，以此類推。

上述 3 項選股條件，主要是為了篩出「成長股」，若是希望找到以領取股利為主的配息股，就不適合使用此方式選股。至於怎麼樣的股票算是成長股？

我認為至少要符合「預期未來營收成長率至少要 15% 以上」這項

條件，才算是成長股。畢竟對於個股來說，唯有公司未來企業營運能持續保持成長，才更容易吸引資金進場，推升股價漲勢。

而利用上述 3 項條件篩出成長股之後，接著，我會觀察同產業公司有哪些？並從中挑選市值前幾名的公司來研究。

例如我想研究「超微半導體」這家公司，那我就可以同時觀察輝達、台積電（2330）、博通、英特爾（註 2）等在半導體產業名列前茅的公司的表現，畢竟直接挑產業領導股研究，效率會更高（同產業公司的搜尋方式詳見圖解教學 2）。

方法2》關注產業漲幅排行，找出強勢族群

除了設定條件篩選個股、觀察同產業公司以外，我也會觀察「每日產業漲幅排行」，找出最近股價強勢上漲的產業。畢竟「站在風口上，豬也會飛」，若該產業表現強勢，通常該產業的個股表現也不會太差，

註 2：超微半導體（Advanced Micro Devices）美股代號：AMD、台積電在美國上市的 ADR（美國存託憑證）美股代號：TSM、博通（Broadcom）美股代號：AVGO、英特爾（Intel）美股代號：INTC。

更能提高投資勝率。

　而 Finviz 網站將美股分為 144 個子產業，並提供每日產業漲幅排行，也有過去 1 週、過去 1 月、過去 1 季、過去半年、過去 1 年、今年迄今表現排行，投資人可以依需求自行設定（設定方式詳見圖解教學 3）。

　藉由不同時期的產業漲幅排行，投資人就可觀察最近表現強勢的產業有哪些？並推敲背後的驅動原因是什麼？這原因是短期或長期？未來有沒有更好或更差的可能？現在股價已經過度反映或尚未完全反映？若發現未來產業趨勢看好，且股價剛從盤整突破，就很值得納入追蹤。

方法3》留意有哪些經理人操作該檔股票

　利用上述 2 種方法篩選出公司後，我會再去看看有哪些經理人買進或賣出這些公司。

　依據美國證券交易委員會（SEC）規定，持有資產管理規模 1 億美元以上的基金經理人，必須在每季結束後的 45 天內公布持股，所以

有許多網站都會整理這些大型基金經理人的持股。其中，Dataroma（網址：www.dataroma.com）是我最常使用的免費網站，透過此網站可以知道大型基金經理人買進哪些公司，並藉此觀察這些大型經理人看到哪些產業趨勢，絕對是相當值得參考的資料。

我覺得值得追蹤的基金經理人有很多位，整理介紹如下：

①波克夏董事長華倫·巴菲特

波克夏（Berkshire Hathaway）董事長華倫·巴菲特（Warren Buffett）是全球最知名的價值投資人，其投資風格為「以合理價值買進擁有長期競爭力的公司」，人稱「股神」。每年波克夏舉辦的股東會，都吸引許多投資人前往朝聖，而巴菲特每年撰寫的《寫給股東的信》，也是投資人的必讀刊物。

根據我的觀察，自 2016 年後，巴菲特陸續逢低買進蘋果（Apple，美股代號：AAPL）的股票，如今蘋果股價已上漲超過 6 倍，成為波克夏最大持股。

②《每日期刊》董事長查理·蒙格

《每日期刊》（Daily Journal）董事長查理·蒙格（Charlie

Munger）是股神巴菲特最好的搭檔，巴菲特常說，沒有蒙格，就沒有現在的他（指巴菲特）。最早期巴菲特僅在意企業清算價值，卻忽略企業未來成長性時，是蒙格啟發了巴菲特，使其投資理念更加進化。

蒙格所著《窮查理的普通常識》（Poor Charlie's Almanack），也是投資人的必讀經典，蘊含許多人生智慧。

③包普斯特集團創辦人賽斯‧卡拉曼

包普斯特集團（Baupost Group）創辦人賽斯‧卡拉曼（Seth Klarman）為知名價值投資大師，他認為投資最重要的就是控制風險，買進一家企業必須確定支付價格遠低於內在價值，如此才有足夠的安全邊際。

而賽斯‧卡拉曼所著的《安全邊際》（Margin of safety），更是被譽為投資經典，不過此書現在已經絕版，亞馬遜二手書的拍賣價格，高達 1,400 美元。

④橡樹資本管理創辦人霍華‧馬克斯

橡樹資本管理（Oaktree Capital Management）創辦人霍華‧馬克斯（Howard Marks）是我最喜歡的投資經理人，他除了研究個股

本身外，也很關注市場週期。霍華·馬克斯非常擅長透過了解週期所在位置，據以決定適合的資產配置。

此外，霍華·馬克斯認為，投資人在面對市場波動時，必須有第二層思考，唯有想得比別人更深入，才有機會賺取超額報酬。而霍華·馬克斯所著的《投資最重要的事》（The Most Important Thing Illuminated）及《掌握市場週期》（Mastering the Market Cycle），也都非常值得一讀。

⑤阿帕盧薩資產管理創辦人大衛·泰珀

阿帕盧薩資產管理（Appaloosa Management）創辦人大衛·泰珀（David Tepper）也是我很喜歡的經理人，他擅長把握市場動盪機會，低點大量買進，人稱「抄底王」，而他的投資領域更是橫跨公司債、特別股及成長股。

最近幾年，由於低利率環境持續，固定收益市場嚴重高估，大衛·泰珀減少公司債及特別股布局，改為買進許多具有未來成長性且估值相對合理的科技股，例如亞馬遜、臉書及 Google 等，這些都是他的主要持股。而大衛·泰珀這種可以依據總經環境變化，布局最適合資產的投資方式，也是我喜歡他的原因。

⑥潘興廣場資本管理創辦人比爾‧艾克曼

潘興廣場資本管理（Pershing Square Capital）創辦人比爾‧艾克曼（Bill Ackman）本身帶有「股東行動主義（註3）」色彩，並不被動等待股價回歸價值，而是主動大量買進股票，積極行使股東權利，要求經營層改變企業經營策略，若改造成功，就能加快企業價值回升，但相對也有失敗風險。

2020年年初，新冠肺炎（COVID-19）疫情爆發前，比爾‧艾克曼認為企業違約率將大幅升高，因此以2,600萬美元（約合新台幣7億5,400萬元）買進「全球投資級債券與高收益債券指數的信貸保護合約」，並於3月23日大賺26億美元（約合新台幣754億元）出場。此次交易也讓比爾‧艾克曼的威名更盛。

⑦帕布萊投資創辦人莫赫尼什‧帕布萊

帕布萊投資（Pabrai Investments）創辦人莫赫尼什‧帕布萊（Mohnish Pabrai）為深度價值投資人，著有《下重注的本事》（The

---

註3：股東行動主義是指機構投資人通過行使股東權利，向公司經營當局提出策略或經營面的訴求，藉以向公司少數持股的管理層，施以壓力的一種投資策略。

Dhandho Investor）一書。莫赫尼什・帕布萊非常專注研究公司本身，持股組合十分集中，大多不會超過 10 檔。他認為學習投資最好的方法就是「模仿」——找出現在市場上最偉大的投資人，仔細分析他為什麼成功，然後模仿他的方法。

而莫赫尼什・帕布萊成功複製巴菲特及查理・蒙格的投資成就，從 2000 年到 2018 年，莫赫尼什・帕布萊的對沖基金總報酬超過 12 倍，遠勝同期標普 500 指數（S&P 500）總報酬 1.59 倍表現。

⑧Scion資產管理創辦人麥可・貝瑞

Scion 資產管理（Scion Asset Management）創辦人麥可・貝瑞（Michael Burry）喜歡買進便宜的轉機股，這類轉機股由於某些因素導致企業營運不善，所以股價特別便宜，若未來營運轉佳就可能有數倍報酬。

麥可・貝瑞最著名的事蹟是 2008 年金融海嘯時，放空不動產抵押證券，精準預測美國房地產泡沫破裂，讓基金淨值翻倍，而他的這段投資經歷，更被拍成知名電影《大賣空》（The Big Short）。

⑨米勒價值合作夥伴創辦人比爾・米勒

米勒價值合作夥伴（Miller Value Partners）創辦人比爾‧米勒（Bill Miller）操盤的基金，曾連續 15 年擊敗標普 500 指數。雖然他在 2008 年金融海嘯時因過早抄底金融股，導致基金虧損超過 5 成，但最後依然成功東山再起。

比爾‧米勒能夠成功東山再起的原因是他在 2008 年金融海嘯時，除了買進金融股以外，也把握低點大量買進亞馬遜的股票。而亞馬遜的股價，也從當年的低點 35 美元左右，飆升至 2021 年 11 月的逾 3,000 美元，漲幅高達 84 倍。此外，比爾‧米勒也在比特幣 200 美元～ 300 美元時就看好建倉（即買入比特幣），如今比特幣價格超過 6 萬美元，成為米勒的代表作。

⑩孤松資本創辦人史蒂芬‧曼德爾

孤松資本（Lone Pine Capital）創辦人史蒂芬‧曼德爾（Stephen Mandel）專注研究企業本身，會仔細評估未來成長性，再據以決定投資期間。史蒂芬‧曼德爾精準的分析眼光，被賽斯‧卡拉曼稱為「夢幻分析師」。

史蒂芬‧曼德爾研究領域涵蓋許多科技股，例如 Shopify（美股代號：SHOP）、Snap 及美卡多（Mercadolibre，又稱「自由市場」，美

股代號：MELI）等，都是他的主要持股。其中 Shopify 在史蒂芬‧曼德爾於 2019 年買進後，股價上漲超過 6 倍，如今已成為史蒂芬‧曼德爾的第 2 大持股。

　　基本上，投資人透過上述 3 方法交叉比對，就可以建立選股名單。不過由於這個世界沒有公式可以找出勝率百分百的飆股，所以建立選股名單只是第一步，後續研究及風險控管（詳見 Chapter 6），才是決定報酬率的關鍵。

3 重點觀察公司年報、季報，掌握營運狀況

　　一般來說，除了做好風險控管以外，我會研究這些公司過去的營運表現，觀察營收趨勢有沒有持續向上（代表公司提供的產品或服務愈來愈熱銷），接著會看自由現金流量趨勢，有沒有同時持續向上。如果營收持續成長，現金流量也愈來愈高，那可能是一家很不錯的公司，這部分的資訊，可以從公司的年報（10-K，註 4）或季報（10-Q）中取得。

註 4：10-K 是美國公司的年報，若是非美國註冊公司，但在美國上市者，會以 20-F 申報。

就年報和季報來説，我主要會看 3 項重點：

重點1》商業模式

商業模式（項目 1，Item 1. Our Business）會告訴你，公司業務有哪些、提供什麼產品或服務、可能面臨哪些競爭等。

重點2》關鍵財務數據

關鍵財務數據（項目 6，Item 6. Selected Financial Data）會呈現公司的營收、每股盈餘（EPS）等數據，讓你了解企業營運變化。另外，有些公司也會在此處提供企業獨有的關鍵指標。

例如全球最大咖啡連鎖店星巴克（Starbucks，美股代號：SBUX）的關鍵指標是「同店銷售（Comparable Store Sales 或 Same-store sales）」，可衡量同一店面在特定期間的銷售表現，排除因新設門市而帶來的營收，更可看出實際成長力道；全球知名電子支付商 PayPal 的關鍵指標是「總支付金額（Total Payment Volume，TPV）」，可衡量用戶支付金額的多寡，若成長動能持續加快，代表用戶愈來愈依賴支付服務。

全球雲端防毒平台領導者 CrowdStrike（美股代號：CRWD）的關

鍵指標是「淨收入留存率（Dollar-Based Net Retention Rate）」，可衡量原有訂閱用戶的成長力道，並排除新增訂閱用戶的影響。如果CrowdStrike 的淨收入留存率成長持續強勁，代表用戶樂於使用更多服務，並貢獻更多營收。

重點3》管理層討論與分析

管理層討論與分析（項目7，Item 7. Management Discussion and Analysis）會寫出公司管理層討論財報數字變化的原因，並說明未來成長策略，有些企業也會將關鍵指標放在這，可幫助投資人評估企業營運狀況。

而除了年報和季報以外，還有一些好用的免費網站，是投資人不能錯過的：

免費網站 1》Investor Relation

Investor Relation 網站會不定時公布公司最新重要資訊，例如新產品資訊、企業營運策略調整、下次法說會日期、最新財報等，許多公司還會提供簡報（Presentation）或給股東的信（Shareholder Letter），且多數資訊都會整理成精美圖表，可以透過視覺化效果讓投資人更容易吸收資訊。

而 Investor Relation 網站的查詢方式也很簡單，只要上 Google 輸入關鍵字「美股代號＋ IR」，就能連到每家公司的 Investor Relation 網站，例如要找亞馬遜的 Investor Relation 網站，只要上 Google 輸入「AMZN IR」就可以找到。

免費網站 2》Seeking Alpha

　大多數美國上市公司每季都會召開法說會，裡面有許多分析師提問，這些資料可以到免費網站「Seeking Alpha（網址：seekingalpha.com）」找各公司的「電話會議紀錄（earning call transcript）」。

　通常電話會議都是固定流程，首先公司會報告最新財報結果，說明獲利變動原因及未來展望，然後就進入問答環節。投資人可以看看分析師關心哪些問題，還有公司經營層怎麼回答，這通常也代表當前企業營運重點，例如公司宣稱未來營收成長動能很強，但分析師卻都在問最近供應鏈缺貨會不會影響下季營收，這就代表分析師擔心短期缺貨問題更勝長期營收展望，也容易影響近期股價表現。

免費網站 3》Nasdaq

　若想知道最近有什麼公司召開法說會，可上「那斯達克（Nasdaq，

圖4 2021年7月27日公布財報的美國企業
——Nasdaq網站美國企業資訊

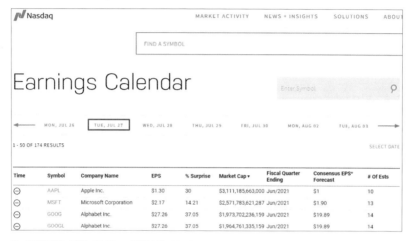

網址：www.nasdaq.com）」網站查詢。該網站貼心地將近期要召
開法說會的公司依市值排序，讓投資人可以立刻看出最近有哪些大公
司正要公布財報。

例如我想看 2021 年 7 月 27 日有哪些公司會發布財報，只要直
接點選網站頁面上方的「日期」，就會跳出當日會公布財報的公司。
從圖 4 中可以發現，2021 年 7 月 27 日這一天，蘋果、微軟、

Google 等大型企業（註 5）都會發布財報。

　　由於許多重量級的美國公司是全球產業龍頭，因此這些公司對未來展望的看法，也就很具參考意義。例如從蘋果的財報中，我們可以了解最新款 iPhone 的銷售情形；從微軟的財報中，我們可以了解雲端服務 Azure 的成長動能；從 Google 的財報中，我們可以得知數位廣告產業變化。

　　從上述這些流程看下來，相信投資人可以發現，研究一家公司其實並不容易，必須花費心血持續追蹤，才能對趨勢保持敏感度。但可以透過如此方式了解這世界有什麼現象正在發生，也是投資最有魅力的地方。

　　我覺得在這資本主義蓬勃發展的時代，每個人都必須善用自身優勢，在生活中找到有未來潛力的企業，才能靠投資，幫自己加薪。

註 5：蘋果（Apple）美股代號：AAPL、微軟（Microsoft）美股代號：MSFT、Google（其母公司為字母公司（Alphabet））美股代號：GOOG（C 股，無投票權）和 GOOGL（A 股，有投票權）。

用Finviz網站選出成長股

前述提到，Finviz是一個免費的網站，只要利用它來設定篩選條件，不用幾秒鐘的時間就能列出符合條件的股票。以下，我就來和大家介紹該如何利用此網站選股：

STEP 1　首先，登入Finviz網站首頁（finviz.com）。之後，點選頁面上方的❶「Screener（篩選器）」。

STEP 2　進入下一個頁面後，點選網頁上方的❶「All（全部）」。接著，網頁就會列出所有可供搜尋的條件。

接續下頁

045

進入下一個頁面後,可以在上面設定自己常用的選股條件。以我自己為例,通常會設定下列3個篩選條件:1.市值大於100億美元:在❶「Market Cap.(市值)」選擇「+Large(over $10bln)」;2.成交量大於過去3個月平均交易量的2倍:在❷「Relative Volume(相對成交量)」選擇「Over 2」;3.價格上漲:在❸「Change(漲跌幅)」選擇「Up(上漲)」。

選擇完畢後,頁面下方就會出現❹符合條件的股票,例如超微半導體(Advanced Micro Devices,美股代號:AMD)、Black Knight(美股代號:BKI)等多家公司。

註:資料日期為 2021.11.09　　資料來源:Finviz

觀察同產業的公司，挑出市值大的來研究

利用圖解教學1的方式選出股票後，接著可進一步研究同產業的公司，此處以「超微半導體（AMD）」為例。

STEP
1
首先，延續圖解教學1的步驟設定好選股條件。接著，點選Ticker（股票代碼）下方的❶「AMD」。

| Price | Any ⌄ | Target Price | Any ⌄ | IPO Date | Any ⌄ | Shares Outstanding |
| After-Hours Close | Any ⌄ | After-Hours Change | Any ⌄ | | | |

| Overview | Valuation | Financial | Ownership | Performance | Technical | Custom | Charts | Tickers | Basic |

Total: 28 #1   save as portfolio | create alert   Auto Refresh: 3min | off

No.	▲ Ticker	Company	Sector	Industry	Country
1	AMD ❶	Advanced Micro Devices, Inc.	Technology	Semiconductors	USA
2	BKI	Black Knight, Inc.	Technology	Software - Infrastructure	USA
3	BRK-A	Berkshire Hathaway Inc.	Financial	Insurance - Diversified	USA
4	CGNX	Cognex Corporation	Technology	Scientific & Technical Instruments	USA
5	CX	CEMEX, S.A.B. de C.V.	Basic Materials	Building Materials	Mexico
6	EXPD	Expeditors International of Washington, Inc.	Industrials	Integrated Freight & Logistics	USA
7	EXPE	Expedia Group, Inc.	Consumer Cyclical	Travel Services	USA
8	F	Ford Motor Company	Consumer Cyclical	Auto Manufacturers	USA
9	FICO	Fair Isaac Corporation	Technology	Software - Application	USA
10	FSV	FirstService Corporation	Real Estate	Real Estate Services	Canada
11	JKHY	Jack Henry & Associates, Inc.	Technology	Information Technology Services	USA
12	LCID	Lucid Group, Inc.	Consumer Cyclical	Auto Manufacturers	USA
13	MLM	Martin Marietta Materials, Inc.	Basic Materials	Building Materials	USA

STEP
2
進入下一個頁面後，可以點選技術線圖下方的❶「Semiconductors（半導體）」。

接續下頁

STEP 3

進入下一個頁面後，就能看到與半導體產業相關的美國公司。接著，按下❶「Market Cap（市值）」由高至低排序，就可以看出半導體龍頭公司有哪些。

從❷可以看出，目前半導體產業中，市值最大的是輝達（NVDA）、第2名為台積電（TSM）、第3名為博通（AVGO）、第4名為英特爾（INTC）、第5名為超微半導體（AMD）。

註：資料日期為 2021.11.09　資料來源：Finviz

圖解教學③ **留意產業漲幅排行，篩出近期強勢族群**

所謂「站在風口上，豬也會飛」，只要產業表現強勢，通常該產業的個股表現也不會太差。以下我就來教大家，如何利用Finviz網站查詢「每日產業漲幅排行」。

首先，登入Finviz網站首頁（finviz.com）。之後，依序點選❶「Groups（團體）」、❷「Performance（表現）」；接著，在Group的下拉選單選擇❸「Industry（行業）」；最後點選❹「Change（漲跌幅）」，將之由高至低排列，就可以看到當日產業的漲幅排行（美股綠色是漲、紅色是跌）。

若投資人想看週排行、月排行、年排行等資訊，可以分別點選「Perf Week（每週）」、「Perf Month（每月）」、「Perf Year（每年）」調整排序。

finviz

No.	Name	Perf Week	Perf Month	Perf Quart	Perf Half	Perf Year	Perf YTD	Recom	Avg Volume	Rel Volume	▼ Change	Volume
1	Uranium	15.21%	40.68%	72.40%	55.18%	274.85%	135.26%	2.25	44.79M	1.35	6.49%	60.57M
2	Copper	2.21%	9.79%	-2.10%	-18.85%	48.72%	18.27%	2.71	22.48M	1.32	5.38%	29.66M
3	Building Materials	6.12%	12.57%	3.42%	4.56%	51.38%	34.12%	2.09	11.95M	2.13	3.27%	25.41M
4	Electrical Equipment & Parts	3.63%	26.01%	17.93%	22.23%	78.41%	26.56%	2.20	90.51M	5.95	2.99%	538.76M
5	Other Industrial Metals & Mining	-0.25%	-2.86%	-24.07%	-28.42%	17.86%	-8.97%	1.51	92.43M	1.43	2.83%	131.75M
6	Aluminum	-1.13%	-11.15%	-1.92%	-4.31%	148.17%	64.83%	2.03	11.05M	1.22	2.69%	13.53M
7	Oil & Gas Drilling	3.79%	3.50%	21.98%	21.71%	200.86%	71.51%	2.71	22.71M	1.08	2.38%	24.48M
8	Semiconductors	10.49%	20.38%	18.15%	34.47%	50.74%	38.30%	2.12	212.89M	1.77	2.32%	376.90M
9	Steel	0.03%	7.38%	-11.36%	-10.71%	80.43%	40.34%	2.10	75.00M	1.22	2.21%	91.62M
10	Metal Fabrication	-4.91%	8.74%	1.07%	-5.51%	42.43%	11.98%	2.13	5.41M	1.52	2.16%	8.21M
11	Farm & Heavy Construction Machinery	2.17%	7.40%	-1.16%	-7.48%	30.67%	22.79%	2.36	21.53M	1.12	2.10%	24.18M
12	Silver	9.43%	18.28%	9.38%	-16.92%	42.43%	-14.71%	2.17	14.27M	0.98	2.01%	13.92M
13	Drug Manufacturers - Specialty & Generic	0.79%	3.73%	-0.85%	1.49%	8.42%	3.06%	2.09	260.51M	1.82	1.82%	473.74M
14	Oil & Gas Equipment & Services	1.46%	4.49%	17.95%	4.49%	100.71%	37.56%	2.07	72.36M	0.85	1.68%	61.76M
15	Insurance - Reinsurance	0.94%	1.32%	0.02%	-2.81%	12.01%	4.36%	2.34	2.08M	0.85	1.64%	1.77M
16	Auto Parts	3.37%	8.35%	4.86%	5.29%	40.73%	2.42%	2.26	56.72M	1.50	1.54%	85.23M
17	Insurance Brokers	-0.89%	2.50%	9.42%	9.86%	36.50%	26.19%	2.47	17.69M	1.46	1.48%	25.74M
18	Oil & Gas E&P	1.67%	3.90%	34.60%	33.76%	202.73%	105.73%	2.40	410.16M	0.56	1.41%	230.55M
19	Software - Application	1.59%	11.24%	12.31%	29.76%	27.58%	17.26%	2.02	408.84M	1.05	1.37%	429.41M
20	Insurance - Life	0.07%	0.23%	3.20%	-4.77%	19.04%	7.19%	1.89	23.63M	0.81	1.34%	19.15M
21	Solar	-1.53%	15.46%	20.13%	54.78%	35.81%	6.70%	2.21	27.17M	1.05	1.29%	28.40M
22	Trucking	3.06%	17.79%	22.88%	23.89%	64.77%	64.04%	2.37	15.22M	0.81	1.29%	12.30M
23	Diagnostics & Research	-1.74%	4.86%	2.49%	18.62%	23.58%	25.17%	2.00	73.93M	0.87	1.27%	64.55M
24	Pollution & Treatment Controls	3.04%	10.09%	0.66%	22.45%	64.32%	31.72%	1.93	4.57M	1.06	1.27%	4.83M
25	Agricultural Inputs	2.06%	4.12%	9.65%	3.50%	56.49%	30.60%	2.23	15.33M	1.79	1.18%	27.49M
26	Credit Services	2.35%	-3.90%	-5.75%	-0.21%	23.95%	8.86%	1.95	114.71M	0.99	1.06%	113.16M
27	Biotechnology	-4.23%	1.97%	-11.01%	7.32%	13.42%	0.61%	2.08	765.08M	0.84	1.03%	642.90M
28	Airlines	7.35%	1.45%	7.26%	-5.82%	35.25%	11.06%	2.05	79.48M	1.26	1.02%	99.76M
29	Healthcare Plans	1.41%	11.48%	11.05%	6.03%	25.94%	24.96%	1.89	47.53M	0.81	0.97%	38.43M
30	Tools & Accessories	2.73%	4.59%	-4.52%	-9.11%	19.06%	10.79%	2.34	9.16M	0.80	0.97%	7.33M
31	Scientific & Technical Instruments	1.22%	6.27%	0.47%	9.21%	31.86%	15.51%	2.23	24.31M	1.23	0.93%	29.90M
32	Building Products & Equipment	4.94%	10.71%	5.31%	8.68%	44.84%	35.76%	2.17	21.21M	0.83	0.89%	17.50M
33	Conglomerates	1.72%	5.02%	2.57%	4.41%	27.27%	26.00%	1.27	23.63M	0.42	0.88%	9.83M

註：資料日期為2021.11.09   資料來源：Finviz

Chapter 3

分析績優公司

　　2020 年因為新冠肺炎（COVID-19）疫情的關係，全球實施封鎖措施，許多人被迫宅在家裡，居家辦公、遠距學習、網路購物等宅經濟趨勢全面爆發。

　　與此同時，美國有許多大型公司，像是全球最大電子商務平台亞馬遜、全球智慧型手機及平板電腦龍頭蘋果、全球最大社群網站臉書和全球最大搜尋引擎 Google（註 1）等，因其所提供的產品或服務，皆與宅經濟息息相關，遂因此受惠，不但賺取龐大利潤，市值成長速度也愈來愈快。以手機大廠蘋果為例，蘋果自 1980 年 12 月上市後，直到 2018 年 8 月才首次達到 1 兆美元市值，前後花了將近 38 年。

註 1：亞馬遜（Amazon）美股代號：AMZN、蘋果（Apple）美股代號：AAPL、臉書（原 FB，2021 年年底更名為 Meta）美股代號：MVRS、Google（母公司為字母公司（Alphabet））美股代號：GOOG（C 股，無投票權）和 GOOGL（A 股，有投票權）。

圖1 蘋果市值已跳升至2兆5000億美元
——蘋果（美股代號：AAPL）市值變化

註：1. 統計時間為 2001.02.28 ～ 2021.11.18；2. 網路興起前的美股資料較難掌握，故僅列舉蘋果 2001 年之後的市值資料　資料來源：https://companiesmarketcap.com/apple/marketcap/

但之後僅花 2 年時間，就在 2020 年 8 月，達到 2 兆美元市值。截至 2021 年 11 月，蘋果市值已來到 2 兆 5,000 億美元（詳見圖 1）。

其實蘋果的產品像是 iPhone、Mac、iPad 等，成本都不高，但價格卻賣得很貴，它成功引領消費者相信「蘋果是全球最潮的品牌」，也讓蘋果的產品有豐田（Toyota）汽車的高產量，賺的卻是法拉利的高利潤。

不僅硬體賺大錢，蘋果還推出更多訂閱服務，像是 Apple Pay、Apple Music、iCloud，Apple News+、Apple TV+、Apple Arcade 等。如今全球蘋果設備（包含 iPhone、iPad、Mac 等）的用戶超過 16 億人，訂閱服務用戶更超過 6 億人，過去 5 年（2017 財年～2021 財年）蘋果服務業務營收從 327 億美元增長至 684 億美元，成長 109%（詳見圖 2）。

　　現在的蘋果，愈來愈像一家軟體公司。隨著蘋果推出愈來愈多訂閱服務，不僅賺取更穩定的訂閱收入，也讓蘋果獲利可以加速成長。

　　因此，蘋果不但成功地在消費者心中保持優異形象（蘋果產品總會讓你覺得很潮、很酷），且其能與消費者經營長久的關係，不是只賺一次收入，而是賺取更多訂閱收入。

用12個問題深入解析公司

　　根據經驗來說，可以給人「好感」的公司，往往可以賺到更多利潤。而像蘋果這樣的公司，在美股市場中可以找到很多。那要怎麼分析一家公司，才能讓我們找到下一檔蘋果呢？通常，當我對一檔股票有興趣時，會問自己以下幾個問題：

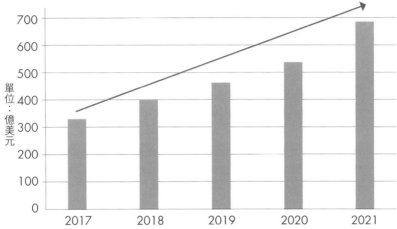

圖2 蘋果服務業務營收5年成長109%
——蘋果（美股代號：AAPL）服務業務營收板塊變化

註：1. 統計時間為 2017 財年～ 2021 財年；2. 蘋果服務業務包含訂閱服務（Apple One）、廣告收入（Apple 搜尋引擎與 App Store）與手續費收入（App Store）　資料來源：蘋果年報

1. 這家公司提供什麼產品或服務？靠這些產品或服務賺了多少錢？

2. 過去幾年營收及獲利成長速度有多快？

3. 現在獲利狀況如何？燒錢虧損還是穩定獲利？

4. 現在有多少資產及負債？償債壓力會不會太大？

5. 有什麼利基或競爭優勢，可以維持未來成長？

6. 所處的產業成長性如何？

7. 相較同產業其他公司成長更快或更慢？背後可能的原因是什麼？

8. 所屬產業是否出現替代品或競爭者，未來可能顛覆產業？

9. 所屬產業是否提供標準化產品，唯一的差異只有價格？如果這家公司是提供標準化產品，那未來產業的供需狀況如何？

10. 現在企業估值跟過往相比是便宜或高估？背後是什麼原因導致？如果現在企業估值很便宜，那未來有沒有催化劑，可以讓市場願意給予更高估值？

11. 有沒有基金經理人或內部人買進這檔股票，可能的買進理由是什麼？

12. 目前技術面是強勢或弱勢？推動股價趨勢的原因是什麼？

如果我發現公司推出的產品或服務受到許多人喜愛，而且未來還會受到更多人喜愛，競爭優勢也不斷加深強化，可確保未來獲利持續成長，現在估值也相對便宜，技術面又突破轉強，這樣的公司就會很吸引我買進。

當然，若要完整回答上面這些問題，收集資訊的功課一定不能省，

註2：SEC 網址：www.sec.gov、Morningstar 網址：www.morningstar.com、Dataroma 網址：www.dataroma.com/m/home.php、Openinsider 網址：openinsider.com。

財報資訊可以從美國證券交易委員會（SEC）及晨星（Morningstar）網站找起、基金經理人持股可在 Dataroma 找到，內部人持股可上 Openinsider 查詢（註 2）。

此外，我每天也都會瀏覽國際新聞網站，如 CNBC、《華爾街日報》（The Wall Street Journal，WSJ）及《彭博》（Bloomberg）等，了解最新產業動態。

除了英文資訊外，現在中文資訊也愈來愈多，大大增加資訊吸收效率，例如免費 App「富途牛牛」會即時推播新聞，若公司有重大訊息公布，也會立刻顯示通知，隨時掌握資訊不漏接。

若你對美股愈來愈熟悉，就會發現，其實你缺少的不是美股相關資訊，而是過濾雜訊的能力，我認為像是標題有「今年上看○○○元」、「法人看好買進」、「買這檔暴賺」等字眼的文章，通常都沒有什麼營養內容，對投資也沒有太大幫助，因此投資人的重點可以放在產業分析、經營層訪談及基金經理人採訪等，能獲得更多有意義的資訊。

只有持續鍛鍊思考邏輯，才能看清事物本質。我覺得跟高手學習就是滿適合鍛鍊邏輯的方法，就算不能親自討教，但看看高手寫了什麼

或說了什麼，都會非常有幫助。

　　例如每年股神華倫・巴菲特（Warren Buffett）寫的股東信，字裡行間充滿投資智慧。此外，許多美國優秀企業執行長（CEO）的股東信，投資人也不能錯過，像是亞馬遜執行長傑夫・貝佐斯（Jeff Bezos）的股東信，摩根大通（J.P.Morgan Chase）執行長傑米・戴蒙（Jamie Dimon）的股東信，都非常值得閱讀。

　　由於這些美國企業的執行長，大多都是產業的領導者，他們的想法自然值得學習。而投資人透過閱讀這些執行長的股東信，除了可以更加了解企業營運策略、掌握最新產業變化以外，還能因此提升分析能力，可說是一舉數得。

Note

Chapter 4

判斷企業體質

　　在 Chapter 2 和 Chapter 3 中，我提到篩選股票的條件及分析企業的架構，可以幫助大家更有系統評估一家公司。我覺得這很像警察在偵辦刑案，唯有仔細蒐集線索、層層抽絲剝繭，才能挖出真相。

　　而這種做法背後所付出的心力絕對不會少，所以在決定深入研究一家公司前，我會先從掃描財報著手，快速確認公司營運狀況。在判斷企業體質穩健之後，再考慮是否花錢投資。

　　如果我有興趣的公司在「判斷企業體質」階段就沒有通過標準，那就不會再花時間研究下去，而是先觀察一段時間，等公司未來營運更穩定再說。

　　至於企業體質該如何判定？我覺得可以從「安全性」、「成長性」及「穩定性」等 3 大面向著手。分述如下：

面向1》安全性：確認企業財務狀況

安全性方面，投資人可以透過 2 個問題來判斷：

問題①》企業是否缺現金？

投資最先考慮的就是安全性，所以我會先檢查公司的現金流量狀況，判斷這家公司會不會很缺錢？在景氣下滑時，是否能夠順利度過難關？

現金是公司的氧氣，沒有現金營運的企業，就算未來成長性再好，也看不到明天的太陽。所以我認為，能有持續的現金流入，對公司營運來說，至關重要。我對於現金流量的判斷標準有 4 個：

❶營業現金流流入：近 5 年有 3 年大於 0。
❷營業現金流流入：近 5 年平均大於 0。
❸自由現金流流入：近 5 年有 3 年大於 0。
❹自由現金流流入：近 5 年平均大於 0。

營業現金流是公司日常營運活動所獲得的現金，獲得的現金愈多，代表公司愈不缺錢。自由現金流則是進一步將公司營運所獲得的現金

扣除資本支出，如添購設備、擴大產線等，以此衡量公司可自由運用的現金。

投資人要注意的是，有時候營業現金流或自由現金流流出並不一定是壞事，這可能代表公司看好未來發展，正在大舉投資；但如果公司有好幾年現金流都持續流出，而且也沒有改善跡象，就務必小心謹慎。以下舉 2 個案例來說明，你就能了解：

案例❶》蘋果（Apple，美股代號：AAPL）

過去幾年蘋果營業現金流持續流入，2005 財年為 25 億美元，2020 財年為 806 億美元，平均每年成長 26%，長期趨勢向上。

而同時間蘋果的股價也從 2005 年 9 月 30 日的收盤價 1.91 美元，來到 2020 年 9 月 30 日的收盤價 115.81 美元，漲幅近 60 倍（詳見圖 1）。

案例❷》普拉格能源（Plug Power，美股代號：PLUG）

普拉格能源為氫燃料電池製造商，雖然未來潛力看好，但營業現金流持續流出，2005 財年流出 4,000 萬美元，2020 財年流出 1 億 5,500 萬美元，目前尚未看到明顯改善跡象。

圖1 蘋果營業現金流持續流入，股價也不斷飆升

—— 蘋果（美股代號：AAPL）營業現金流變化

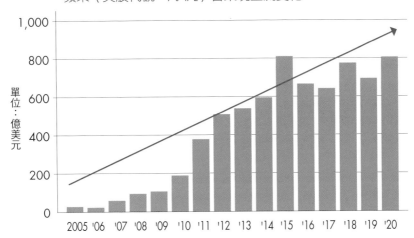

—— 蘋果（美股代號：AAPL）月線圖

註：月線圖統計時間為 2005.09.30 ～ 2020.09.30　　資料來源：Macrotrends、XQ 全球贏家

而同時間普拉格能源的股價也從 2005 年 12 月 30 日的收盤價 51.3 美元（2005 年 12 月 31 日為假日），來到 2020 年 12 月 31 日的收盤價 33.91 美元，下跌約 34%，中間更一度跌到 2013 年 2 月 14 日的收盤價 0.12 美元，跌幅高達 99.8%（詳見圖 2）。

　　雖然 2020 年年底至 2021 年年初，普拉格能源曾因為市場炒作清潔能源題材，讓其在短短幾個月股價翻漲數倍，但隨後又因題材退燒開始下跌。

　　從這 2 個案例來看，蘋果因為已經有穩定的營業現金流入帳，未來還可能愈來愈多，代表蘋果為投資人創造的價值正在持續上升，如此一來，我在面對蘋果股價波動時會更加安心；但普拉格能源就不一樣了，由於普拉格能源尚未建立穩定賺取營業現金流的商業模式，中間的股價波動只是隨機炒作，除非未來普拉格能源的營業現金流趨勢逐漸改善，開始替投資人創造價值，這樣才會吸引我的目光。

問題②》企業是否償債壓力大？

　　了解企業現金流狀況後，可再觀察負債情形，主要集中在 2 個項目：

項目❶》公司近 1 季有息負債比低於 50%

圖2 普拉格能源營業現金流持續流出，股價不斷走跌

——普拉格能源（美股代號：PLUG）營業現金流變化

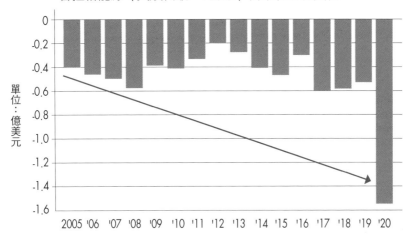

——普拉格能源（美股代號：PLUG）月線圖

註：營業現金流統計時間為 2005.12.31 ～ 2021.01.01；月線圖統計時間為 2006.01.01 ～ 2021.04.30
資料來源：Macrotrends、XQ 全球贏家

負債是公司在一定期限內需要償還的金額，負債比（註1）愈高的公司，償債壓力會愈大，對現金流的急迫性會愈高。這也是當景氣衰退時，最先倒閉的都是高負債公司的原因，只要現金流出問題，就很容易周轉不靈。

　　不過負債比高並非一定就是壞事，例如美式大賣場好市多（Costco，美股代號：COST）最新1季財報（2021財年第4季）顯示，它的負債比高達70%，但應付帳款及預收款項就占負債金額的45%，而這類負債其實是競爭力的展現。

　　就應付帳款來說，好市多透過向供應鏈大量採購產品，強化議價優勢，有效降低成本，並拉長結帳週期，應付帳款周轉天數長達30天。所以應付帳款愈高，對好市多是好事，手上會有更多現金能運用。而就預收款項來說，則是大家繳給好市多的會員費，這對好市多來說，當然是多多益善。

　　也就是說，預收款項愈高，反而代表好市多生意愈好。所以我認為單純看負債比不是很準，投資人真正需要關注的是「有息負債」，也

註1：負債比＝總負債 ÷ 總資產 ×100%。

就是需定期支付利息，並到期償還的債務。

對公司來說，有息負債愈少愈好，而根據我的經驗，公司近 1 季的有息負債比，最好能夠低於 50%。有息負債比的公式為「有息負債比＝（長期負債＋短期借款）÷ 總資產 ×100%」，所以我會觀察公司資產負債表上的「長期負債」及「短期借款」。

長期負債為公司超過 1 年到期的債務，而短期借款則為 1 年內到期的債務，如果最近 1 季長期負債及短期借款占總資產高於 50%，代表企業償債壓力很高，此時投資人就要提高警覺了。

項目❷》公司近 1 年利息保障倍數大於 5 倍

利息保障倍數是衡量企業支付利息的能力，其公式為「利息保障倍數＝最近 1 年息前稅前利潤（EBIT）÷ 利息支出」，其中「息前稅前利潤」為公司支付利息及所得稅以前的利潤。

當利息保障倍數愈高，代表公司支付利息能力愈強。有時候就算企業有息負債比重過高，但只要可以正常支付利息，也未必代表一定倒閉，依然可以順利取得銀行融資。因此，我認為公司近 1 年的利息保障倍數，最好能夠大於 5 倍。

總的來說，在公司「償債壓力」這部分，我會搭配有息負債比及利息保障倍數綜合觀察。通常有息負債比愈低（50% 以下），而利息保障倍數愈高（大於 5 倍）的公司，營運體質會愈健康。

面向2》成長性：關注企業營收獲利表現

　　在確定公司安全性沒有問題後，接著就是分析成長性，只有公司未來能愈賺愈多錢，股價才能持續上漲，所以分析成長性是很重要的一環，可從營收、毛利及營業利益去著手。同樣可以分成 2 個問題來看：

問題①》企業營收是否持續成長？

　　我對於企業營收是否持續成長的判斷標準有 2 個：

❶近 1 季營收年增率大於 0。
❷近 1 季營收季增率大於 0。

　　上述 2 個財務指標的數值愈高，代表公司營收成長動能愈強。

　　營收是公司販賣產品或服務取得的收入，而營收年增率為最近 1 季營收除以去年同期營收的成長率，營收季增率為最近 1 季營收除以上

1季營收的成長率。

問題②》企業利潤是否持續成長？

我對於企業利潤是否持續成長的判斷標準有 4 個：

❶近 1 季毛利年增率大於 0。
❷近 1 季毛利季增率大於 0。
❸近 1 季營業利益年增率大於 0。
❹近 1 季營業利益季增率大於 0。

上述 4 個財務指標的數值愈高，就代表公司利潤成長動能愈強。

毛利為營收扣除產品成本的利潤，營業利益為營收扣除產品成本及營運費用的利潤。而無論是毛利、營業利益的年增率或季增率，其計算方式與營收年增率和季增率相同，只是將「營收」改為「毛利」和「營業利益」。

投資人要注意的是，上述問題①和問題②的財務指標是概括性的，並非一定要全部通過標準，若能符合愈多個標準，當然代表企業成長性愈佳，但即便未通過也不代表成長性不佳，因為企業有時候可能一

次性虧損或購併等因素，導致衡量成長性失真。

再加上許多企業也都有淡旺季的差別，例如美國最大零售商沃爾瑪（Walmart，美股代號：WMT），由於年底感恩節及耶誕節為購物旺季，所以營收高峰都落在每年第 4 季，若以今年第 1 季營收比較去年第 4 季營收，就沒有參考性。因此，投資人在判斷公司的成長性時，務必要將產業特性考量進去。

此外，財報的數字也僅能呈現過去營運成績，並不代表未來表現，公司在過去賺多少錢或賠多少錢，都與未來股價表現沒有太大關聯。但這不代表看財報沒有用，投資人還是可以從過往財報了解公司營運成果，並從中分析出公司未來成長性。

事實上，有許多營收高速成長的公司，帳面利潤常常是虧損的，許多公司並不在意短期利潤，而是專注提升長期競爭力，積極投入研發，迅速搶占市場，取得足夠規模後，再來逐步擴大利潤。

面對這樣的公司時，投資人就需要花更多時間研究商業模式，確定公司並非單純盲目追求擴張，而是穩步強化競爭優勢，放眼更長遠的未來。

　　例如亞馬遜（Amazon，美股代號：AMZN）就是經典案例（詳見圖3）。2015年以前，亞馬遜的利潤都在損益兩平附近，並沒有賺多少錢，但自2015年亞馬遜推出「亞馬遜網路服務（Amazon Web Services）」以來，營業利潤才開始節節上升，並成為亞馬遜最大利潤來源，逐步收割早年投資成果。截至2021年10月底，亞馬遜的股價自2015年以來上漲超過10倍。

　　如果投資人過度在意短期利潤表現，就不可能在早期投資亞馬遜，因而錯過亞馬遜未來股價成長的機會。

面向3》穩定性：留意企業是否專注本業

　　分析完安全性及成長性後，最後，我會分析穩定性，也就是「企業是否專注本業？」及「企業副業是否虧錢？」通常營運績效優異的公司，大多均選擇專注本業，不會有太多副業。畢竟對於企業來說，只要能將一件事做到傑出，就非常厲害了。

　　在衡量企業是否專注本業時，我會觀察「公司的營業利潤占稅前利潤比重有無超過80%」。營業利益為公司扣除產品成本及營運費用的利潤，若該比重超過80%，代表公司有超過8成利潤都來自本業。

圖3 亞馬遜股價自2015年以來上漲逾10倍

——亞馬遜（美股代號：AMZN）營業利潤變化

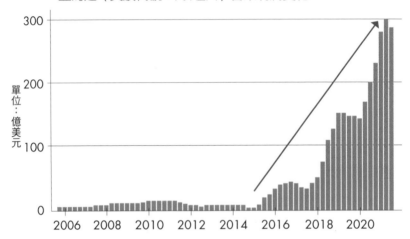

——亞馬遜（美股代號：AMZN）月線圖

註：營業利潤統計時間為2005.12.31～2021.10.01，為累計近4季營業利潤數據；月線圖統計時間為2006.01.31～2021.10.29　資料來源：Macrotrends、XQ全球贏家

　　而若要衡量企業是否有太多副業，我會觀察「公司的業外損益占稅後利潤比重有無低於 20%」。業外損益代表公司副業經營情況，若該比重低於 20%，代表公司利潤受業外損益影響低。

　　如果當年企業利潤出現虧損，無法使用上述指標衡量時，這時我就會再去看財報確認虧損原因，評估是暫時性或持續性影響。若判斷僅為暫時性影響，未來利潤將會回升，我仍會視為通過標準；而若判斷為持續性影響，我就會保守看待，等待企業營運更加穩定。

　　我認為只要透過「安全性、成長性及穩定性」等 3 大面向判斷企業體質，能夠提升研究效率，專注在有未來潛力的公司上。

Chapter 5

計算合理估值

　　長期來看，「公司獲利」與「股價」會呈正相關，只要一家公司未來可以愈賺愈多錢，股價長期趨勢就會上漲。但這並非說投資人可以完全不用管買進價格，只要一直買就能賺錢，因為所謂的「長期」，有時候比想像中還長。有些人還撐不到「長期」出現，就已經陣亡在半路了。

　　我還記得 2011 年剛出社會時，中鋼（2002）是很熱門的存股標的，那時 2008 年金融海嘯剛結束，前一波循環是原物料大多頭。

　　中鋼 2008 年股價最高是 54.4 元（2008 年 5 月 20 日最高價），後來跌至 2008 年谷底的 19.2 元（2008 年 10 月 28 日最低價）。之後中鋼股價開始慢慢爬升，但一直到 2011 年，中鋼股價都還是只有 30 元左右，距離 2008 年高點還有 81% 上漲空間。當時中鋼還配 1.99 元現金股利，殖利率快 7%。

就 2011 年的資訊來看，新聞媒體都很看好原物料價格將繼續噴發，而中鋼的殖利率高，且是國營企業，不會倒，買 1 張股票又只要 3 萬元左右，根本是剛出社會小資族首選。只要每月存 1 張中鋼，財務自由不是夢。

然而 10 多年過去了，中鋼的配息不但愈來愈少，從 2011 年現金股利 1.99 元砍到 2021 年現金股利只有 0.3 元，股價也一直在 20 元至 25 元附近徘徊。一直等到 2021 年才終於突破 40 元（詳見圖 1），但還是無法突破 2008 年股價高點，苦等 13 年仍未解套。

但苦等解套的代價很巨大，10 年前的 11 月 24 日，中鋼股價收盤價為 28.05 元，但 2021 年 11 月 24 日收盤價只有 33.8 元，漲幅只有 20%。而 10 年前的 11 月 24 日，台積電（2330）收盤價為 72.8 元，2021 年 11 月 24 日收盤價為 603 元，漲幅高達 728%。選擇抱緊中鋼卻沒買台積電，是很錯誤的決定。

不過，這不是說大家以後都買台積電就好，事實上，只看 2021 年上半年表現的話，台積電股價超弱，從 679 元（2021 年 1 月 21 日最高價）下跌至 518 元（2021 年 5 月 12 日最低價），跌幅約 24%，而中鋼股價超強，從 23.4 元（2021 年 1 月 21 日最低價）

圖1 中鋼等了13年，股價才又回到40元以上
——中鋼（2002）日線圖

註：統計時間為 2007.11.19～2021.11.18　　資料來源：XQ 全球贏家

漲到 43.75 元（2021 年 5 月 12 日最高價），股價漲了 87%。從這案例可以看出，你的買進價格及進場時機，會大大影響你的報酬率。

　　除了長期持有中鋼報酬率不佳以外，全球知名網路通訊設備商思科（CISCO，美股代號：CSCO）是更令人心碎的例子。從 2000 年到 2020 年，思科的營收成長 1.6 倍，稅後淨利成長 4.35 倍，每股盈餘（EPS）成長 5.79 倍，這成績簡直太棒了，那這 20 年來，思科

圖2 思科等了20年，股價仍未突破2000年高點
——思科（美股代號：CSCO）日線圖

註：統計時間為 2000.01.03 ～ 2020.12.31　　資料來源：XQ 全球贏家

的股價應該上漲超多倍吧？

　　答案是並沒有，思科的股價在這 20 年來，一共下跌 16%！2000 年網路泡沫時，思科股價一度衝高到 82 美元（2000 年 3 月 27 日最高價），僅僅 1 年股價就上漲了 2 倍左右，然後就沒有然後了（詳見圖 2）。接下來 20 年的時間，雖然思科的營收與獲利持續成長，但股價再也回不到 2000 年高點。這顯示在 2000 年時，市場用 1

年時間就反映思科未來 20 年獲利。

根據我的實務經驗，短期而言，股價會受到各種消息及新聞干擾，投資人的情緒變化會讓股價出現超漲超跌，但長期而言，股價會往企業內在價值靠攏，再好的公司買太貴也會賠錢。

所以有沒有解套是其次，投資人更應該注意的是「每筆資金都有機會成本」。當你抱著 A，就是放棄 B；當你捨不得停損，就是選擇放棄其他機會。重點是隨時評估情勢，發覺有更好的就換掉，才不會讓資金卡住，提升資金運用效率。

那應該如何判斷企業估值，讓我們知道股價可能貴了？我現在常用 3 種估價方法，如下：

本益比法》適用獲利穩定公司

本益比的公式為「本益比（倍）＝最新股價 ÷ 每股盈餘（EPS）」。通常本益比的倍數愈高，愈可能代表企業價值被高估；本益比的倍數愈低，愈可能代表企業價值被低估。但實務上，本益比仍會隨企業成長性而有差異，並沒有絕對標準。

在計算時,我會以過去 5 年每年最低本益比及最高本益比為基準,以此求得便宜價、合理價及昂貴價。

例如手機大廠蘋果(Apple,美股代號:AAPL),過去 5 年(2016 年～ 2020 年)最低本益比為 10 倍,最高本益比為 40 倍,平均本益比為 25 倍(=(10 倍+ 40 倍)÷2)。

假設預估蘋果未來 1 年 EPS 為 6 美元,那這樣就能算出蘋果的便宜價為 60 美元(= 6 美元 ×10 倍),合理價為 150 美元(= 6 美元 ×25 倍),昂貴價為 240 美元(= 6 美元 ×40 倍)。

股價營收比法》可有效衡量絕大多數公司估值

股價營收比的公式為「股價營收比(倍)=最新股價 ÷ 每股營收」。通常股價營收比的倍數愈高,愈可能代表企業價值被高估;股價營收比的倍數愈低,愈可能代表企業價值被低估。但實務上,股價營收比仍會隨企業成長性而有差異,並沒有絕對標準。

在計算時,我會以過去 5 年每年最低股價營收比及最高股價營收比為基準,以此求得便宜價、合理價及昂貴價。

例如美式大賣場好市多（Costco，美股代號：COST），過去 5 年（2016 年～ 2020 年）最低股價營收比為 0.6 倍，最高股價營收比為 1 倍，平均股價營收比為 0.8 倍（＝（0.6 倍＋ 1 倍）÷2）。

　　假設預估好市多未來 1 年每股營收為 464 美元，那這樣就能算出好市多的便宜價為 278 美元（＝ 464 美元 ×0.6 倍），合理價為 371 美元（＝ 464 美元 ×0.8 倍），昂貴價為 464 美元（＝ 464 美元 ×1 倍）。

股價自由現金流比法》適用穩定賺自由現金流公司

　　股價自由現金流比的公式為「股價自由現金流比（倍）＝最新股價 ÷ 每股自由現金流」。通常股價自由現金流比的倍數愈高，愈可能代表企業價值被高估；股價自由現金流比的倍數愈低，愈可能代表企業價值被低估。

　　但實務上，股價自由現金流比仍會隨企業成長性而有差異，並沒有絕對標準。

　　在計算時，我會以過去 5 年每年最低股價自由現金流比及最高股價

自由現金流比為基準，以此求得便宜價、合理價及昂貴價。

　例如老牌內容創作工具公司 Adobe（美股代號：ADBE），過去 5 年（2016 年～ 2020 年）最低股價自由現金流比為 30 倍，最高股價自由現金流比為 60 倍，平均股價自由現金流比為 45 倍（＝（30 倍＋ 60 倍）÷2）。

　假若預估 Adobe 未來 1 年每股自由現金流為 12 美元，那這樣就能算出便宜價為 360 美元（＝ 12 美元 ×30 倍）、合理價為 540 美元（＝ 12 美元 ×45 倍）、昂貴價為 720 美元（＝ 12 美元 ×60 倍）。

　上述 3 種都是我常使用的方法。其中，「本益比法」適合使用在可穩定獲利的公司；「股價自由現金流比法」適合使用在可穩定賺取自由現金流的公司；而最通用的是「股價營收比法」，除了可排除企業因一次性因素導致利潤或現金流虧損的影響以外，也很適合用於仍處創業初期，尚未實現穩定獲利，也還沒有自由現金流入帳的公司，可有效衡量絕大多數公司估值。

　我覺得上述 3 種估價方法非常簡單、實用，可以幫助投資人快速判

斷當前公司股價位階。但要注意的是，無論你是用上面哪一種估價方法，在使用上仍有限制。

以本益比法評估企業價值為例，首先，這是假設未來幾年企業 EPS 成長率會跟過去幾年的 EPS 成長率接近，所以市場給的本益比也會跟過往水準接近。

但實務上，公司未來營收獲利成長的速度，會影響市場給出的本益比。通常當公司未來營收獲利成長趨緩時，市場給出的本益比會降低；當公司未來營收獲利成長加快時，市場給出的本益比會提高。

再來，是假設未來幾年美國聯準會（Fed）的基準利率也跟過去幾年基準利率接近，如此市場給出的本益比才會類似。現在聯準會的基準利率處於歷史低點，資金成本是前所未有的便宜，如果未來開始升息循環，即使公司未來營收獲利維持過去成長速度，市場給出的本益比也會降低。

所以綜合上述可知，投資人在使用本益比法時，須注意時空背景有無改變。只有在未來企業 EPS 成長幅度及利率環境跟過往相似時，以歷史本益比去推算未來價值才有意義。

　　也因此，當看見有公司的本益比偏低，顯得很便宜時，或發現有公司的本益比偏高，顯得很昂貴時，投資人可以先不用急著做決定，而是要更仔細了解公司本益比偏高或偏低的原因。

　　有時候低本益比可能暗示企業未來獲利即將衰退，其實現在本益比很高，例如一家企業過去 1 年 EPS 為 10 元，現在股價 100 元，本益比只有 10 倍。但若研究後發現，企業未來 1 年 EPS 會下滑到 5 元，那現在的 10 倍本益比一點都不便宜，真正的本益比高達 20 倍。

　　反過來說，高本益比也可能暗示企業未來獲利成長加快，其實現在本益比很低。例如一家企業過去 1 年 EPS 為 5 元，現在股價 100 元，本益比高達 20 倍，但若研究後發現，企業未來 1 年 EPS 會上升到 10 元，那現在的 20 倍本益比一點都不貴，真正的本益比只有 10 倍。

　　從上述例子可以看出，不論投資人使用何種估價方式，都必須對企業未來營運有一定了解，才能做出更好的決策。

　　而美國有許多財經網站，都可查詢分析師預估的營收及 EPS，可作為評估未來趨勢的參考。例如 Koyfin（www.koyfin.com）網站就是我很喜歡的網站，只要輸入美股代號，即可查詢分析師預估的營收

及 EPS，還可看到過往預測趨勢變動。若分析師是一路上修營收及 EPS，常會帶動股價強勁上漲；而若分析師是一路下修營收及 EPS，也常會帶動股價弱勢大跌。

以臉書（原 FB，2021 年年底更名為 Meta，美股代號：MVRS）的 EPS 預測趨勢為例，可看到分析師預估的 EPS 自 2020 年 11 月就一路上修，並認為 2021 年預估 EPS 可達到 13.95 美元（此處指 2021 年年底 EPS 預估值），2022 年預估 EPS 可達到 14.46 美元，2023 年預估 EPS 可達到 17.05 美元，對未來成長相當樂觀。而同期（2020 年 11 月 20 日～2021 年 11 月 19 日）臉書股價也上漲 28%，表現相當不錯（詳見圖 3）。

因此，在做研究時，可評估分析師上修預估值的可能性。通常上修預估值，代表企業成長加快，市場願意給予的評價會更高，而企業成長及評價上升的乘數效應（註 1），會使股價漲得更多。

舉例來說，如果有一家企業，分析師預估未來 1 年 EPS 為 1.1 美元，

註 1：乘數效應是指經濟活動中某一變數的增減，所引起的經濟總量變化的連鎖反應程度。

圖3 臉書預估EPS樂觀，帶動股價向上成長
——臉書（美股代號：MVRS，原為FB）預估EPS走勢

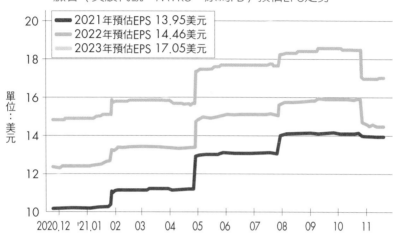

——臉書（美股代號：MVRS，原為FB）日線圖

註：統計時間為 2020.11.20 ～ 2021.11.19　　資料來源：Koyfin、XQ 全球贏家

相較往年 EPS 成長 10%，現在股價 11 美元，市場給予 10 倍的本益比評價。

　　但後來企業推出新產品，成功打入新市場，分析師發覺先前預估太過保守，上修 EPS 為 1.15 美元，預估未來 EPS 成長率將加快為 15%。而市場也看好成長動能加快，給予 15 倍的本益比評價，那股價將上升至 17.25 美元（＝ 1.15 美元 ×15 倍）。

　　明明 EPS 成長幅度只有 15%，但卻因為市場給予更高的本益比評價，股價自 11 美元上漲為 17.25 美元，漲幅高達 57%。

　　當然，反過來說也是一樣的，若一家企業未來 EPS 下修，市場給予的本益比評價也會持續降低，EPS 衰退及評價下降的乘數效應，也會使股價跌得更多。

　　承前例，若後來發現新產品反應不如預期，分析師下修未來 1 年 EPS 為 0.9 美元，預估未來 EPS 將衰退 10%。而市場也擔憂未來 EPS 衰退，只給予 8 倍的本益比評價，那股價將下跌至 7.2 美元（＝ 0.9 美元 ×8 倍）。明明 EPS 衰退幅度只有 10%，但卻因為市場給予更低的本益比評價，股價自 11 美元下跌為 7.2 美元，跌幅高達

35%。

　　投資人必須了解，沒有任何估價方式可以告訴你這裡就是低點，在這邊買進就能爽賺一波，或者這裡就是高點，在這邊賣出就能瘋狂倒貨。不過話雖如此，估價方式仍有其價值，投資人在利用估價方式進行評估時，最重要的是深入思考影響估值的原因，才可以穩健獲利。

Chapter 6

做好風險控管

　　2020 年新冠肺炎疫情（COVID-19）爆發時，美國標普 500 指數（S&P 500）在 2020 年 2 月 19 日創下波段新高 3,393 點後，隨即展開大幅下跌，最深跌至 2,191 點（2020 年 3 月 23 日最低點）。

　　短短 1 個多月，跌幅就高達 35%，期間更觸發 4 次熔斷（註 1），創下美股史上最快下跌紀錄。

　　然而更令人想不到的是，2020 年 3 月 23 日，美國聯準會（Fed）無預警宣布推出無限量化寬鬆貨幣政策（QE），美股迎來絕地大反彈，標普 500 指數在 2020 年 8 月 21 日就創下新高 3,399 點，同樣刷新史上最快上漲紀錄（詳見圖 1）。

註 1：熔斷機制指的是股市在交易時間內，當價格下跌到某一程度時，例如下跌到 7%、13%、20% 時，會暫停交易一段時間。

圖1 標普500指數在2020年暴跌後又飆漲
——標普500指數（S&P 500）走勢

註：統計時間為 2020.02.18 ～ 2020.09.01　　資料來源：Tradingview

美股在 2020 年經歷史上最快下殺的震撼教育後，又只用 184 天就創下新高，也讓投資獲利變得相當容易。投資人只要在美股低點隨便買就能賺錢，也容易低估風險控管的必要性。不過，美股如此快速的反彈行情在歷史上是絕無僅有，投資人並不能把此特例當慣例。

那美股過去的慣例是什麼呢？從表 1 可以看出，自 1956 年以來，標普 500 指數有 9 次自高點下跌超過 20%（熊市出現），之後從低

表1 標普500指數從低谷到新高，最快只需要212天

──標普500指數（S&P 500）歷史數據

歷史新高出現時間（A）	熊市出現時間（B）	歷史新高至熊市出現天數（天，B−A）	回到歷史新高的時間（C）	從熊市出現至回到歷史新高的天數（天，C−B）	最大損失（%）
1956.08.03	1957.10.21	444	1958.09.25	339	21
1961.12.12	1962.08.01	232	1963.08.30	394	28
1966.02.09	1966.10.03	236	1967.05.03	212	22
1968.11.29	1970.01.19	416	1972.03.03	774	36
1973.01.11	1973.11.27	320	1980.07.16	2,423	48
1980.11.28	1982.02.22	451	1982.11.02	253	27
1987.08.25	1987.10.19	55	1989.07.25	645	34
2000.03.24	2001.03.12	353	2007.05.29	2,269	49
2007.10.09	2008.07.29	294	2013.03.27	1,702	57
中位數		307	−	645	34

註：1. 統計時間為 1956 年～ 2020 年；2. 熊市指標普 500 指數從歷史新高下跌 20% 的那一天　　資料來源：forbes

點再度創下新高的時間平均需要 645 天，其中從熊市回到歷史新高的最短天數為 212 天，最長天數為 2,423 天。

這表示如果投資人事前沒有建立進出場策略，很容易就會過早把現金用完，套在半山腰，花費許多時間等待回本，甚至因為買到地雷股，卻又捨不得停損，就讓損失無限擴大。

圖2 標普500指數過去41年中有31年皆為正報酬
—— 標普500指數（S&P 500）報酬變化

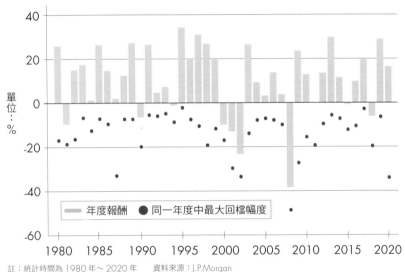

註：統計時間為 1980 年～ 2020 年　　資料來源：J.P.Morgan

　　而從圖 2 中可以看出，雖然以美股過往的數據來看，過去 41 年
（1980 年～ 2020 年），標普 500 指數有 31 年為正報酬，平均
每年上漲 10.21%，上漲機率高達 75.6%，表現非常不錯，但若從同
一年度內最大下跌幅度來看，感受就遠非如此。

　　事實上，每年標普 500 指數都會出現大小程度不一的下跌，平均

下跌幅度高達 14.3%。舉例來說，若在 2020 年年初投資標普 500 指數，最終年底會上漲 16%，但過程中會在 2020 年 2 月～ 3 月期間最深下跌高達 35%。雖然從年初放到年底上漲機率很高，但中間常常會出現回檔，考驗你投資的信仰。

投資並非穩賺不賠，應在進場前做好看錯準備

我知道每個人都希望可以在股市賺錢，但投資從來沒有穩賺不賠，因此，我認為只有每次進場前做好看錯出場準備，才能控制風險，累積獲利。

股價總是會漲漲跌跌，看著過去的股價波動，都會渴望能就此預測股價走勢，這樣買低賣高就不是夢想。可惜，夢想雖然很美好，現實卻很殘酷，從來沒有人可以準確預測未來。所以當你在買進時，就要事先知道行情可能不如你的預期，必須設定虧損上限，才能避免資產承受過大打擊。

雖然不同投資流派會有差異，但都會以控制風險為先，因為只有學會處理虧損，才有助於累積獲利。如果沒有謹慎處理虧損，就算獲利也常是暫時的。

目前世界上最有名的投資流派，當屬股神巴菲特（Warren Buffett）提倡的「價值投資」——以低於合理價買進擁有競爭優勢的公司，並長期持有。許多人因此覺得，價值投資就是長期投資，應該要專注在企業營運策略，忽略短期股價波動，更讓很多人誤會巴菲特從不賣股票。

但事實是，長期投資是建立在「買得夠便宜，而且也看好未來展望上」。如果發現買得太貴或看壞未來展望，那價值投資派還是會砍掉，追高套牢並不是長期投資的理由。

也就是說，如果巴菲特發現買貴了或企業營運不如預期，還是會果斷出場，這點我們從巴菲特 2018 年出清 IBM、2020 年出清美國航空、達美航空、西南航空及聯合航空（註 2）等股票，就能看出端倪。

我剛開始學投資時，就是從學習巴菲特的價值投資開始，這樣的方法非常有效，特別是美股有許多成長跑道很長的公司，只要買進價格

註 2：IBM（International Business Machines）美股代號：IBM、美國航空（American Airlines）美股代號：AAL、達美航空（Delta Air Lines）美股代號：DAL、西南航空（Southwest Airlines）美股代號：LUV、聯合航空（United Airlines）美股代號：UAL。

不要太昂貴，公司的錢可以愈賺愈多，反映在股價上，就是一條迷人的上漲曲線。

但價值投資的進出場策略是以專注基本面分析為主，並沒有搭配觀察股價趨勢，是我覺得稍微可惜的地方。

有經驗的投資人都會知道，股價經常是最領先的指標，常都會領先反映企業未來營運：當企業營運走下坡時，股價早就領先下跌；當企業營運回暖時，股價早就領先上漲，這也讓我逐漸認同技術分析的重要性。

我覺得投資就像是在拼圖，拿到的拼圖愈多，愈能看出全貌，每個人得到的資訊都是真相的一小部分。而市場融合消息面、籌碼面、資金面、基本面等各種資訊，形成每天股價的波動，股價漲跌就是反映所有資訊的結果。

投資並不只是自己看法對就能賺錢，最後也要市場認同你的看法，吸引愈來愈多人買單，股價才會上漲。在被市場證明自己看法正確前，等待的過程往往是漫長而煎熬的。甚至若最後被市場證明自己看法錯誤，股價可能已經跌了一大段。

　　所以我覺得，價值投資可以搭配技術分析一起判斷股價趨勢強弱，當趨勢由弱轉強就進場，由強轉弱就出場，並將資金投往下一檔趨勢轉強的股票，提高資金運用效率。

汰弱留強、控制虧損，才能讓獲利奔跑

　　從 2010 年到現在，投資股票已經超過 10 年了，我很清楚自己一定買不到最低點，也賣不到最高點，所以不會急著進場抄底，也不會急著獲利了結。我不會預設哪裡是低點，只要股價繼續跌就一直等，等股價站穩支撐再進場；我也不會預設未來高點，只要股價繼續漲就一直抱，等股價跌破支撐再出場。

　　如果投資個股，能汰弱留強，趨勢強就一直抱、趨勢弱就一直砍，讓投資組合隨時都是強棒，如此就能維持不錯的績效。當然，這樣做免不了會有看錯停損的情況。

　　我以前也常會捨不得停損，就經驗來說，捨不得停損的原因有 2 種：

原因1》怕「砍在阿呆谷」

　　以前若我不幸「砍在阿呆谷（註 3）」，事後看都會覺得自己很蠢。

但我現在認為，砍在阿呆谷有時候是為了預防真的股災出現。少賺的錢當保險費就好，只要可以躲過大跌，就值得。

原因2》很想回本

想回本是人之常情，我以前也會這樣，因為不想認賠就開始拗單，覺得沒多久股價就會開始反彈。有時候運氣好，可以等到反彈；但若是運氣差，就等不到反彈。如果沒等到反彈，股價一路向下，就會讓損失一直擴大，長期下來就會虧錢。

投資賠錢很正常，但如果虧損幅度愈大，回本難度就愈高。舉例來說，若本金有 100 元，若虧損 10%，則本金僅剩 90 元，此時只要股價漲 11%（＝ 100 元 ÷90 元－ 1×100%）就能回本；若虧損 20%，則本金僅剩 80 元，此時股價要漲 25%（＝ 100 元 ÷80 元－ 1×100%）才能回本。

依此類推，若虧損 30%，股價要漲 43% 才能回本；若虧損 40%，

註 3：砍在阿呆谷指投資人在股價下跌一段時間之後才停損，結果一停損，股價立刻反彈。事後回頭看，會覺得當初停損的自己，很像阿呆，故稱之為「砍在阿呆谷」。

股價要漲 67% 才能回本;若虧損 50%,股價要漲 100% 才能回本;虧損 60%,股價要漲 150% 才能回本;虧損 70%,股價要漲 233% 才能回本;虧損 80%,股價要漲 400% 才能回本;虧損 90%,股價要漲 900% 才能回本。

隨著你虧損幅度愈大,要回本的幅度是等比級數增加!所以最好是在小虧時就出場,這樣想賺回損失的金錢會比較容易。

現在我在投資前,都會設定最大單筆虧損金額,那就是不能超過總資產 2%。舉例來說,如果有資產 100 萬元,拿出 20 萬元投資某家公司,則此筆投資虧損要控制在 2 萬元(= 100 萬元 ×2%)內,也就是這一檔股票可忍受的下跌幅度不能超過 10%(= 2 萬元 ÷20 萬元 ×100%)。只要能夠控制每筆虧損,並找到潛在報酬高的機會,勝率不用很高也能賺錢。

舉個例子來看,若小棠總資產有 100 萬元,他把資金分成 5 筆,每筆 20 萬元,分別買進 5 家公司,且規定每筆投資最大下跌幅度不能超過 10%:

①如果看對機率 0%,代表 5 家全都因股價下跌 10% 出場,總資產

表2 只要有40%看對機率，就能賺錢
——投入100萬元至5家公司，各投資20萬元

5家公司	看對機率					
	0%	20%	40%	60%	80%	100%
公司1	18	24	24	24	24	24
公司2	18	18	24	24	24	24
公司3	18	18	18	24	24	24
公司4	18	18	18	18	24	24
公司5	18	18	18	18	18	24
剩餘資產（萬元）	90	96	102	108	114	120

最多就虧到 90 萬元。

②如果看對機率 20%，代表 5 家有 4 家因股價下跌 10% 出場，1 家賺 20%，總資產最多就虧到 96 萬元。

③如果看對機率 40%，代表 5 家有 3 家因股價下跌 10% 出場，2 家賺 20%，總資產可成長為 102 萬元。

上述依此類推。若未來上漲空間為 20%，風險報酬比（註 4）為 2

註 4：風險報酬比＝上漲金額 ÷ 最大虧損金額。

倍，那小棠只要有 40% 機率看對，就能賺錢（詳見表 2）。

所以我後來發現，真的不用太在意有沒有回本，畢竟沒人知道要等多久才能回本，也不知道是否真的能夠回本，重點是虧損後剩下的錢，拿去買其他哪家公司可以更快回本。

對現在的我來說，我不會怕自己砍在阿呆谷，也不會一直想著要回本，而是一發現自己看錯趨勢，就迅速把虧錢的股票換掉。就跟交朋友一樣，發現對方是爛人就立刻絕交，不要再蹚渾水。

賣出股票後，可以再觀察股價趨勢，如果又重新出現進場訊號，例如站回均線或趨勢線等，再按照紀律買回來就好，是一種簡單又好用的投資方法。

Chapter 7

擬定進出策略

　　我在 Chapter 5 提到估值的重要性，但 10 多年的投資經驗讓我認清，估值其實是一種藝術，而不是科學。實務上，股價在大多時候都不會照著公式算出來的估值走，所以投資人不用過度追求精準的估價，只要有大概的輪廓即可。

　　就好像價值投資之父班傑明‧葛拉漢（Benjamin Graham）所說：「短期股價更像投票機。」買的人比賣的人多，股價就會漲；買的人比賣的人少，股價就會跌，每天股價波動就是大家投票的結果。

　　以前我剛開始學投資時，並不相信技術分析，覺得預測股價根本就是天方夜譚，沒人能猜得準。但後來發現是我誤會了，技術分析並沒有要預測股價波動，而是確認現在股價趨勢。

　　當股價弱勢時就代表市場看衰，若單純覺得估值便宜就買，必須仔

細思考企業未來有沒有走下坡風險？而當股價強勢時就代表市場看好，若單純覺得估值昂貴就賣，必須仔細思考企業還有多少潛力未開發？所以計算估值才只是剛開始，深入思考影響估值的原因更重要。只有影響估值的原因出現變化，股價趨勢才會改變。

透過3要素確認股價趨勢

那如何以技術分析確認股價趨勢呢？我個人主要是透過「均線」、「趨勢線」及「成交量」來判斷，分述如下：

要素1》均線

均線代表過去一段時間的平均股價，也是這段時間所有投資人的平均交易成本，是最常聽到的技術指標。當股價跌破均線時，容易有停損賣壓出現；當股價突破均線時，則容易吸引買盤進場。

在美股市場中，常以20日均線、50日均線及200日均線判斷股價趨勢，其中20日均線類似台股的月線、50日均線類似台股的季線、200日均線類似台股的年線。當均線上升時，代表股價趨勢強勁；當均線水平時，代表股價趨勢進入盤整階段；當均線下降時，代表股價趨勢偏弱。

要素2》趨勢線

趨勢線是將 K 線圖上的高點與另一波高點連接，或是將低點與另一波低點連接，所形成的一條線，可以作為加減碼的參考，進而提升資金運用效率，減少急於追高或盲目抄底，因此慘遭套牢的情況。

一般來說，趨勢線可分為上升趨勢線、下降趨勢線及水平趨勢線 3 種型態，分述如下：

型態①》上升趨勢線

上升趨勢線是將個股過去一段時間（我習慣用 1 年）股價的波段低點連成的一條線，且後一個低點必須比前面的低點還要高。若上升趨勢線連接的低點愈多，代表支撐力道愈強。

上升趨勢線是股價支撐，只要股價沒跌破上升趨勢線，就代表維持上升趨勢；若未來股價跌破上升趨勢線，則代表趨勢轉弱。

案例》字母公司

字母公司（Alphabet，為 Google 母公司，美股代號：GOOG（C股，無投票權）、GOOGL（A 股，有投票權），此處以 C 股為例）股價自 2021 年 1 月開始不斷上漲，從 1,699 美元（2021 年 1 月

圖1 字母公司2021年前9月股價站穩上升趨勢線
——字母公司C股（美股代號：GOOG）日線圖

註：統計時間為 2021.01.04 ～ 2021.09.27　　資料來源：XQ 全球贏家

6 日最低價）漲到 2,830 美元（2021 年 9 月 27 日收盤價），漲了 67% 左右。中間就算股價漲多回檔時，也都能守住上升趨勢線，仍維持強勢表現（詳見圖 1）。

型態②》下降趨勢線

下降趨勢線是將個股過去一段時間（我習慣用 1 年）股價的波段高點連成的一條線，且後一個高點必須比前面的高點還要低。若下降趨

勢線連接的高點愈多，代表下修壓力愈高。

下降趨勢線是股價壓力，只要股價沒突破下降趨勢線，就代表維持下降趨勢；若未來股價突破下降趨勢線，則代表趨勢轉強。

案例》阿里巴巴

電商阿里巴巴（Alibaba，美股代號：BABA）的股價自 2021 年 2 月開始不斷下跌，從 274 美元（2021 年 2 月 16 日最高價）一路下跌至 150 美元（2021 年 9 月 27 日收盤價），跌了 45%。中間就算股價跌深反彈時，也都難以突破下降趨勢線，仍維持弱勢表現（詳見圖 2）。

型態③》水平趨勢線

當趨勢線趨近於水平時，往往代表股價正在區間整理，往上難以突破區間高點，往下又不跌破區間低點，即俗稱的「盤整」。若未來股價往上突破水平趨勢線（即區間高點）時，代表趨勢轉強；若未來股價往下跌破水平趨勢線（即區間低點）時，代表趨勢轉弱。

案例》超微半導體

超微半導體（Advanced Micro Devices，美股代號：AMD）股價

圖2 阿里巴巴2021年前9月股價未突破下降趨勢線
——阿里巴巴（美股代號：BABA）日線圖

註：統計時間為 2021.01.04 ～ 2021.09.27　　資料來源：XQ 全球贏家

在 2020 年 9 月至 2021 年 7 月一直在 73 美元～ 94 美元之間盤整，後來於 2021 年 7 月 28 日突破區間高點發動漲勢，若當時進場買進，之後股價最高來到 122 美元，波段漲幅達 25%（詳見圖 3）。

前面介紹的均線及趨勢線，皆可視為股價的支撐或壓力。當股價跌到支撐處時容易反彈，若跌破支撐可能代表趨勢轉弱，原有的支撐也成為將來必須突破的壓力；當股價漲到壓力處時容易下跌，若突破可

能代表趨勢轉強，原有的壓力也成為將來回檔下跌的支撐。

　　所謂的支撐／壓力，白話說就是在這價位附近會有很多人買賣，然而隨時間推移會有各種因素持續影響股價，使投資人對股價產生新的共識，形成新的支撐／壓力，從而發展新的趨勢。所以支撐／壓力並不會固定不變，而是會隨著行情走勢不斷發展。

要素3》成交量

　　我在判斷支撐／壓力時，會以趨勢線為主，均線為輔，並搭配成交量觀察。若當日成交量大於過去 3 個月平均成交量 2 倍（Chapter 2「用 3 條件篩出優質成長股」的條件之一），就代表當天買賣的人特別多，常會形成新的支撐／壓力。一般來說，大量低點是重要支撐，一旦股價跌破大量低點，容易有停損賣壓出現；而大量高點則是重要壓力，一旦股價突破大量高點，容易吸引買盤進場。

　　投資人只要透過技術分析，就可以確認現在股價趨勢強弱，並找到控制風險的關鍵位置。當行情如期發動就抱緊股票，但要注意的是，技術分析並不能預測未來股價趨勢強弱，現在強勢並不代表未來強勢，因此，若行情發展不如預期，應該趁早決斷，如此一來，就能以最小虧損出場。

圖3 超微半導體股價在2021年7月底突破後大漲
——超微半導體（美股代號：AMD）日線圖

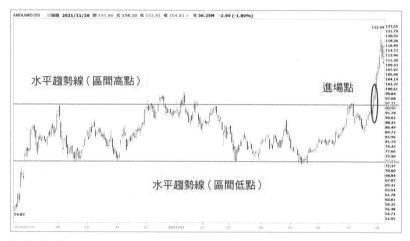

註：統計時間為 2020.07.20 ～ 2021.08.06　　資料來源：XQ 全球贏家

　　做主動投資，看錯停損很正常，但如果連續好幾筆投資都是虧損出場，就必須好好檢討自己的操作手法是否有問題。一個可能的原因是「停損幅度設太緊，導致很容易就觸碰到停損點出場」，對此我認為，投資人可以在股價跌落支撐超過 5% ～ 10% 時，再考慮停損，可以減少停損出場情形；另一個可能原因是「股票選擇有問題」，若投資人在進場前並沒有充分了解企業營運，也可能導致頻繁虧損，故投資人在進場前應先挑選自己熟悉的公司。

總的來說，投資人應該要在每次決定進場前，都先想好停損點（例如把上升趨勢線或均線視為支撐），之後只要股價沒跌破支撐就緊緊抱住。只要投資人不去猜測未來股價漲跌，就能做到風險最小化、報酬最大化！

股價通常是領先指標，提前反映利多或利空

　　股價是綜合市場所有資訊的指標，雖然有時候會太過樂觀或悲觀，變得失能，但多數時候仍是有效率的。

　　當你發現一家公司有許多利空消息，股價卻沒有大跌破底，反而趨勢轉強時，那通常就是進場時機，表示股價早就提前反映利空；反過來說，當你發現一家公司有許多利多消息，股價卻沒有繼續大漲，反而趨勢轉弱時，那通常就是出場時機，表示股價早就提前反映利多，Fastly（美股代號：FSLY）就是一個很好的例子。

　　Fastly 經營即時內容傳輸網路（CDN）服務，以邊緣計算技術加快資料處理與傳送速度。2020 年年初時，受到新冠肺炎（COVID-19）疫情影響，許多人改為居家工作，使得數據流量需求大幅成長，也促使 Fastly 的股價水漲船高，從 2020 年 5 月 4 日的低點 20.57 美元，

來到 2020 年 8 月 5 日的高點 117.79 美元，股價狂漲 4.7 倍。

而 Fastly 在 2020 年 8 月 5 日公布 2020 財年第 2 季財報，營收 7,500 萬美元，相比去年同期成長 62%；預期第 3 季營收 7,350 萬美元～ 7,550 萬美元，相比去年同期成長 49%；預計 2020 年營收 2 億 9,000 萬美元至 3 億美元，相比去年同期成長 50%。

雖然 Fastly 的產品需求確實受惠新冠肺炎疫情影響而大增，營收成長率也非常強勁，但由於先前 2020 年 5 月 4 日～ 8 月 5 日之間，Fastly 的股價已經狂漲 4.7 倍，財報好成績都早已反映在股價上，之後除非 Fastly 的財報有超出意外的驚喜，才能支撐股價繼續大漲。如果未來 Fastly 不能維持如此高的成長率，那股價就會大幅下挫。

事後證明，Fastly 的財報並未有出人意料的驚喜，也因此，Fastly 的股價在財報公布後隔天大跌 17%（註 1），8 月 7 日股價更是向下跌破上升趨勢線。這時，如果是早就上車的投資人，看見 Fastly 股價跌破上升趨勢線，當然就會趕緊獲利出場。

註 1：Fastly 2020 年 8 月 5 日收盤價為 108.92 美元，2020 年 8 月 6 日收盤價為 89.64 美元。

雖然沒辦法賣在最高點，但以 5 月 7 日收盤價 33.58 美元計算，抱到 8 月 7 日的收盤價 79.33 美元，波段漲幅也高達 136%（詳見圖 4）。

　　若以基本面為出發點來思考，由於 Fastly 的定價模式為採取流量收費，並非固定價格，若未來疫情趨緩，客戶使用量下滑，營收就會受到很大影響，2020 年 5 月進場時就會考慮這一點，如此高速的成長率恐怕在未來難以持續。而當技術面也轉弱（股價跌破上升趨勢線）時，更是絕佳的出場時機。

　　事實上，後來 Fastly 財報開出來，表現都大幅低於預期，營收成長率更是逐季下滑，自 2020 年第 2 季的 62%，持續下探至 2021 年第 1 季的 25%，股價跟著一路大跌到 2021 年 5 月 6 日公布 2021 年第 1 季財報後的最低價 41.4 美元，若 2020 年 8 月 7 日即果斷出場，可避開高達 47.8% 的虧損，證明股價領先反映的特性。

　　如果投資人沒有以基本面分析公司未來展望，也沒有以技術面判斷目前股價趨勢，甚至看到股價大跌還覺得可以進場撿便宜，那就很容易白白接刀了。我認為投資人在下手買進一檔股票前，必須先研究這家公司營收獲利狀況、過去成長速度如何、未來成長性怎麼樣、過往

圖4 Fastly股價在2020年8月7日跌破上升趨勢線
——Fastly（美股代號：FSLY）日線圖

註：統計時間為 2020.04.06 ～ 2020.09.25　資料來源：XQ 全球贏家

股價波動幅度等，這些都會影響進出場策略規畫。

　　通常當你發現一家公司，營收獲利成長愈快、產業愈創新、潛在市場愈大，股價波動幅度也會愈大。這時為了控制資產波動幅度，適合搭配技術分析進出場。如果股價趨勢轉弱，就會先考慮出場，等趨勢轉強再重新進場，操作週期會偏短。操作週期愈短，砍錯機率就會增加，可能沒多久股價又漲回去，但這樣做的重點是控制虧損幅度，能

避開大跌就值得，目標是整體資產要增值，並非單一個股勝負，所以不用太過放在心上，最多就是買回來而已。

而若一家公司營運發展成熟，每年可以穩定配息，甚至持續調高股息，通常股價波動幅度也會較低。這時即使想做短線，因為股價波動不大，價差空間也較小，會更適合以耐心持有的方式，等待企業營運獲利向上，支撐股價長期上漲，操作週期就會拉長。

每檔股票的波動特性不同，適合的進出場策略也就有差異，有些股票適合長期投資、有些股票適合波段操作，如果「張飛打岳飛」，結果自然會不好。所以在進場前要想清楚自己投資目的，將資金做長短期規畫，不要想要短線交易，套牢了就說要長期投資；也不要說要長期投資，下跌了就嚇到全部出清。

雖然說「何時應該要獲利了結」和「害怕錯過上車的機會」都是大家常遇到的困擾，但從來就沒有人可以預測股價波動，重點也從來不是預測，而是可以事先規畫進出場策略，並且有紀律地執行，才能穩定獲利。

我在做投資決策時，會檢查以下 5 點來判斷是否要續抱股票：

1. 公司長期競爭優勢有無減弱？
2. 公司未來獲利展望有無減弱？
3. 單一持股有無超過整體 10%？
4. 個股股價有無跌破關鍵支撐？
5. 單筆虧損是否達到預設上限？

若以上答案均為否，我就會繼續抱住股票，不會太在意股價漲跌。不然研究公司看未來 10 年競爭力，買進後卻只看 1 天股價表現，很容易在股價上漲時，後悔自己沒上車；在股價下跌時，又覺得幹嘛上車，最後才發現，自己根本是在瞎忙一場。

用2指標衡量美股市場情緒

德國股神科斯托蘭尼（André Kostolany）曾經說過：「心理＋資金＝行情。」以前年輕不懂事的時候，還看不懂這句話的精髓，但隨著投資經驗愈來愈多，我深信這句話未來也會經典永傳。

基本面是企業的照妖鏡，觀察公司營收、獲利及負債狀況，評估潛在風險及報酬，可以幫助我們理性看待市場波動，回歸企業營運本質，股價最終都會跟著企業基本面走。但市場是多愁善感的地方，太過理

性看待市場，只會覺得莫名其妙。

影響短期股價發展最重要的因素是市場情緒，「股民情緒很 High，股價就狂噴；股民很恐慌，股價就狂跌。」這才是常看到的市場現象，而這也是科斯托蘭尼所說的「心理」。有鑑於此，我常參考以下 2 指標，衡量現在美股的市場情緒：

指標1》AAII美國散戶投資人情緒指數

AAII 美國散戶投資人情緒指數是由美國散戶協會（The American Association of Individual Investors，AAII）調查製成，其調查方式為利用網路投票，每週詢問會員：「你們認為未來 6 個月，股市方向是看多、持平或看空？」之後美國散戶協會再將答案整合，於每週四發布調查結果。

根據過去經驗，AAII 美國散戶投資人情緒指數為市場反指標。當多數人看空時，股價常常在相對低點，落底訊號出現；當多數人看多時，股價常常在相對高點，過熱訊號出現。

指標2》恐懼與貪婪指數（Fear & Greed Index）

恐懼與貪婪指數由全球知名新聞頻道 CNN（Cable News

Network）發布製作，歸納7指標（股票價格動能、市場波動率、垃圾債需求、避風港需求、Put/Call Ratio、股票價格寬度和股票價格強度）衡量投資人對市場的情緒。以下說明7指標涵義：

①股票價格動能（Stock Price Momentum）

股票價格動能是計算標普500指數（S&P 500）與125日均線的乖離程度。當標普500指數最新價格高於標普500指數125日均線愈來愈多時，代表投資人愈來愈貪婪；反之，當標普500指數最新價格低於標普500指數125日均線愈來愈多時，代表投資人愈來愈恐懼。

②市場波動率（Market Volatility）

市場波動率即為常聽到的「恐慌指數（註2）」，可衡量標普500指數期權的隱含波動性。隱含波動性代表投資人對未來股價波動性的看法：當預期未來股價波動增加，隱含波動性會上升；當預期未來股價波動會減少，隱含波動性會下降。

註2：恐慌指數即「芝加哥選擇權交易所波動率指數（Chicago Board Options Exchange Volatility Index）」，因其交易代碼為VIX，故又稱為「VIX指數」。

實際判讀時，可使用恐慌指數的 50 日均線（50MA）作為衡量標準，當恐慌指數低於 50MA，代表隱含波動性低，投資人很貪婪；當恐慌指數高於 50MA，代表隱含波動性高，投資人很恐懼。

③垃圾債需求（Junk Bond Demand）

債券可以依信用等級分為 2 種，信用較高者為「投資等級債券」，信用較低者為「垃圾債券（或稱非投資等級債券）」。一般來說，投資等級債券的殖利率較低，但違約率也較低；而垃圾債券的殖利率較高，但違約率也較高。

垃圾債需求為「計算垃圾債券及投資等級債券的殖利率差距」。當投資人恐懼時，資金會拋售違約風險高的垃圾債券，造成垃圾債券價格下跌，並促使垃圾債殖利率上升（價格及殖利率為反向關係，價格愈低、殖利率愈高），並湧向違約風險低的投資等級債券，造成投資等級債券殖利率降低，此消彼漲之下，垃圾債券和投資等級債券之間的殖利率差距就會增加，差距愈高代表投資人愈擔心垃圾債違約風險，對未來前景悲觀。

反之，垃圾債券及投資等級債券的殖利率差距愈小，代表投資人湧向違約風險高的垃圾債，拋售違約風險低的投資等級債券，這表示投

資人並不擔心垃圾債違約風險，對未來前景樂觀。

④避風港需求（Safe Heaven Demand）

當投資人偏向保守，常會將資金從股票撤出轉移到債券。而「避風港需求」會衡量過去 20 天的股票市場及債券市場報酬，當股票報酬比債券報酬高愈多，代表投資人愈貪婪；當股票報酬比債券報酬低愈多，代表投資人愈恐懼。

⑤ Put/Call Ratio

Put/Call Ratio 是計算賣權及買權未平倉量的比率，其中 Call 是買權、Put 是賣權，買 Call 必須股市上漲才能賺錢，買 Put 必須股市下跌才能賺錢。

如果 Put/Call Ratio 比率愈小，代表買權比賣權多，投資人愈貪婪；反之，如果 Put/Call Ratio 比率愈大，代表賣權比買權多，投資人愈恐懼。

⑥股票價格寬度（Stock Price Breadth）

股票價格寬度是用來衡量上漲股票的總成交量，以及下跌股票的總成交量比例。如果上漲股票的總成交量高於下跌股票的總成交量愈

多，代表投資人愈貪婪；反之，如果上漲股票的總成交量低於下跌股票的總成交量愈多，代表投資人愈恐懼。

⑦股票價格強度（Stock Price Strenth）

股票價格強度是用來衡量創 52 週新高的股票跟創 52 週新低的股票比重。當創新高的股票愈多，代表投資人愈貪婪；當創新低的股票愈多，代表投資人愈恐懼。

CNN 會將上述 7 指標加權後計算出「恐懼與貪婪指數」，範圍介於 0 ～ 100，其中，0 ～ 25 是「極度恐懼」（Extreme Fear）、26 ～ 44 是「恐懼」（Fear）、45 ～ 55 是「中立」（Neutral）、56 ～ 74 是「貪婪」（Greed）、75 ～ 100 是「極度貪婪」（Extreme Greed）。

恐懼與貪婪指數每日都會更新，不過，這和 AAII 美國散戶投資人情緒指數一樣，也是反指標。當分數愈低，代表投資人愈恐懼，市場落底可能性高；當分數愈高代表投資人愈貪婪，市場過熱可能性高。

以「AAII 美國散戶投資人情緒指數」及「恐懼與貪婪指數」了解投資人的「心理」後，接著，我會利用「全球央行貨幣政策動向」觀察「資

圖5 全球主要央行的資產規模與美股走勢息息相關

——全球主要央行總資產規模vs.標普500指數

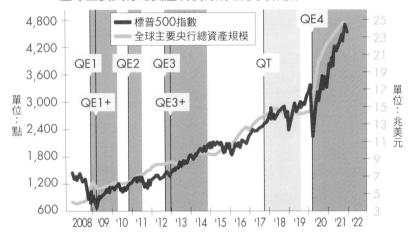

◎ QE1： 聯準會在 2008 年 11 月 25 日至 2010 年 3 月 31 日推出的第 1 輪量化寬鬆措施，用於購買 1 兆 2,400 億美元的抵押貸款證券

◎ QE1+：聯準會在 2009 年 3 月 16 日至 2010 年 3 月 31 日推出的第 1 輪量化寬鬆強化措施，用於購買 3,000 億美元美國國債

◎ QE2： 聯準會在 2010 年 11 月 3 日至 2011 年 6 月 30 日推出的第 2 輪量化寬鬆措施，用於購買 6,000 億美元美國國債

◎ QE3： 聯準會在 2012 年 9 月 13 日至 2014 年 10 月 29 日推出的第 3 輪量化寬鬆措施，每月購買 400 億美元抵押貸款證券

◎ QE3+：聯準會在 2012 年 12 月 12 日至 2014 年 10 月 1 日推出的第 3 輪量化寬鬆強化措施，每月購買 450 億美元美國國債

◎ QT： 聯準會在 2017 年 10 月 1 日至 2019 年 7 月 31 日推出的量化緊縮措施，將總資產規模縮減 6,750 億美元

◎ QE4： 聯準會在 2020 年 3 月 16 日推出的無限量化寬鬆措施，預計 2022 年年中退場

註：1. 統計時間為 2008 年年初～ 2021 年年底；2. 紫色底代表聯準會實施量化寬鬆措施的時期、綠色底代表聯準會實施量化緊縮措施的時期

資料來源：Federal Reserve Board, Standard & Poor's and Haver Analytics , Yardeni Research

金」動向。

當全球央行收緊貨幣政策，投入市場資金減少，將減少股市上漲動
能；當全球央行放寬貨幣政策，投入市場資金增加，將提升股市上漲
動能。

根據雅德尼研究公司（Yardeni Research）過往統計，全球主要央
行（像是美國聯準會（Fed）、歐洲央行（ECB）及日本央行（BOJ）
等）的總資產規模與美國標普 500 指數高度相關。全球主要央行的
總資產規模成長速度愈快，愈能支撐美國標普 500 指數上漲；全球
主要央行的總資產規模成長速度減慢，美國標普 500 指數往往陷入
盤整或大跌（詳見圖 5）。

當你了解現在市場情緒（心理）及資金動能後，就更能判斷股市趨
勢，提高投資勝率。如果現在市場情緒悲觀，而未來資金動能仍然強
勁，常常是絕佳買點；如果現在市場情緒樂觀，而未來資金動能可能
趨緩，雖然股市未必會立刻大跌，但居高思危絕對很重要。

Note

Chapter 8

了解資產配置

　　研究個股都要汰弱留強，才能做好風險控管，持續累積獲利。而若用 ETF 投資指數，由於 ETF 的成分股都會定期汰換，只要有紀律持續累積買進，就可取得不錯的報酬。因此，用 ETF 投資指數很適合沒時間研究股票的人，只要經濟發展持續向上，指數長期就會持續創新高。

　　「ETF」的英文全名為「Exchange-Traded Fund（指數股票型基金）」，指的就是能在股票交易所買賣的基金。而投資美國 ETF 的好處就是選擇很多，可以善用不同類型的 ETF 打造穩健投資組合。

掌握3重點，挑出優質ETF

　　目前美國大約發行 2,000 多檔 ETF，種類可說琳琅滿目。為了吸引投資人，內扣費用（包含管理費用和非管理費用）低、追蹤誤差小，也成為美國 ETF 最大優勢。不過也因為美國 ETF 的選擇真的太多了，

剛進入美股者會不知道如何選起。但其實挑選 ETF 並不難，掌握以下 3 重點即可：

重點1》資產規模高

　　資產規模愈大的 ETF，通常代表在市場上流通性愈好。如果 ETF 的資產規模太低，甚至可能被直接清算下市，以當時淨值歸還投資人本金。因此，建議投資人可在同類型 ETF 中，選擇資產規模最高的。

重點2》追蹤誤差小

　　追蹤誤差代表 ETF 實際走勢與追蹤指數的差異，以先鋒集團（Vanguard）發行的「美國標普 500 指數 ETF（美股代號：VOO）」為例。

　　VOO 追蹤的是美國標普 500 指數（S&P 500），2020 年 VOO 的股價上漲了 18.35%，而美國標普 500 指數卻漲了 18.4%，這 0.05 個百分點的差距就是追蹤誤差。因為投資 ETF 要付管理費，所以有追蹤誤差很正常，但追蹤誤差愈小愈好。

重點3》內扣費用少

　　由於美國 ETF 種類太多，同類型 ETF 競爭激烈，內扣費用愈砍愈低。

例如 VOO 就是目前市面上內扣費用最低的標普 500 指數 ETF，只有 0.03%。如果 1 檔基金年報酬 10%，內扣費用 1%，實際拿到的報酬就為 9%，所以內扣費用愈少愈好（ETF 詳細資訊查詢方式，詳見圖解教學）。

5種常見的美國ETF

知道挑選 ETF 的訣竅後，接著來介紹 5 種常見的美國 ETF 類型。只有仔細了解不同類型 ETF 特色以後，才能組成適合的資產配置，讓自己更可承受市場波動，取得期望的報酬。

種類1》指數ETF

指數 ETF 又稱大盤 ETF，是追蹤大盤漲跌的 ETF，這是最適合新手的 ETF，也是最基礎的配置。而指數 ETF 又可依地域、國家不同，分為美國常見指數、全美股市場和各國股票市場，分述如下：

①美國常見指數

我們常聽到的幾個美國指數，像是道瓊工業平均指數（Dow Jones Industrial Average，DJIA）、標普 500 指數、那斯達克 100 指數（NASDAQ 100 Index，NDX）、羅素 2000 指數（Russell 2000

表1 Vanguard標普500指數ETF內扣費用僅0.03%

——美國常見指數與其相對應的ETF

美國常見指數	相對應的ETF		
	名稱	資產規模（億美元）	內扣費用（％）
道瓊工業平均指數	SPDR道瓊工業平均指數ETF（美股代號：DIA）	300	0.16（含0.1非管理費用）
標普500指數	Vanguard標普500指數ETF（美股代號：VOO）	8,290	0.03（含0.01非管理費用）
那斯達克100指數	Invesco那斯達克100指數ETF（美股代號：QQQ）	2,014	0.20
	Invesco那斯達克100 ETF（美股代號：QQQM）	25	0.15
羅素2000指數	iShares羅素2000 ETF（美股代號：IWM）	688	0.19
費城半導體指數	iShares半導體ETF（美股代號：SOXX）	94	0.43

註：1.IWM 和 SOXX 的資產規模統計至 2021 年 11 月底，其餘資訊皆統計至 2021 年 10 月底；2. 內扣費用包含管理費用和非管理費用　資料來源：MoneyDJ

Index，RUT）及費城半導體指數（PHLX Semiconductor Index，SOX）等，都有對應的 ETF 可以投資（詳見表 1）。

❶道瓊平均工業指數

道瓊平均工業指數是由 30 檔美國知名公司組成，而這些公司通常

是各個行業的龍頭或領導者。追蹤道瓊平均工業指數的美國 ETF，以道富環球管理基金（SPDR）發行的「SPDR 道瓊工業平均指數 ETF（美股代號：DIA）」最為知名。

截至 2021 年 10 月底，DIA 的資產規模為 300 億美元，內扣費用為 0.16%（包括管理費用 0.06%、非管理費用 0.1%）。而 DIA 的前 5 大持股為聯合健康保險 8.46%、高盛 7.6%、家得寶 6.83%、微軟 6.09%、賽富時 5.51%（註 1）。

❷ 標普 500 指數

標普 500 指數納入美國 500 家大型企業，相比道瓊工業平均指數，不論持股或產業都更為分散。追蹤標普 500 指數的 ETF 有很多，目前以 Vanguard 發行的 Vanguard 標普 500 指數 ETF 內扣費用最低，僅 0.03%（包括管理費用 0.02%、非管理費用 0.01%）。

截至 2021 年 10 月底，VOO 的資產規模為 8,290 億美元，前 5

註 1：聯合健康保險（UnitedHealth Group）美股代號：UNH、高盛（The Goldman Sachs Group）美股代號：GS、家得寶（The Home Depot）美股代號：HD、微軟（Microsoft）美股代號：MSFT、賽富時（Salesforce）美股代號：CRM。

大持股為微軟 6.35%、蘋果 6%、亞馬遜 3.75%、特斯拉 2.3% 及字母公司 A 股 2.27%（註 2）。

❸那斯達克 100 指數

那斯達克 100 指數是從那斯達克綜合指數除去金融類股後市值最大的 100 檔股票，持股以科技股為主。追蹤那斯達克 100 指數的 ETF，以景順投信（Invesco PowerShares）發行的「Invesco 那斯達克 100 指數 ETF（美股代號：QQQ）」最為知名。

截至 2021 年 10 月底，QQQ 的資產規模為 2,014 億美元，內扣費用為 0.2%，前 5 大持股為微軟 10.88%、蘋果 10.81%、亞馬遜 7.45%、特斯拉 6.03% 和輝達（NVIDIA，美股代號：NVDA）4.25%。

值得一提的是，為了吸引更多投資人，景順投信還發行「Invesco 那斯達克 100 ETF（美股代號：QQQM）」，同樣追蹤那斯達

註 2：蘋果（Apple）美股代號：AAPL、亞馬遜（Amazon）美股代號：AMZN、特斯拉（Tesla）美股代號：TSLA、字母公司（Alphabet，為 Google 母公司）美股代號：GOOG（C 股，無投票權）與 GOOGL（A 股，有投票權）。

克 100 指數，成分股與 QQQ 完全相同，但股價只有 QQQ 的 4 折，內扣費用也比 QQQ 更便宜，只有 0.15%，可視為「小資版 QQQ」。不過截至 2021 年 10 月底，QQQM 的資產規模只有 25 億美元左右，流動性會比 QQQ 差一些。

❹羅素 2000 指數

羅素 2000 指數是從羅素 3000 指數（Russell 3000 Index）中，挑出市值最小的 2,000 家公司股票，持股以小型股為主。由於羅素 2000 指數持有的公司數量相當多，配置也就非常分散，前 10 大成分股加起來的總占比只有 3% 左右。追蹤羅素 2000 指數的 ETF，以安碩（iShares）發行的「iShares 羅素 2000 ETF（美股代號：IWM）」最為知名。

截至 2021 年 11 月底，IWM 的資產規模為 688 億美元，內扣費用為 0.19%，前 5 大持股（統計至 2021 年 10 月底）為 AMC Entertainment Holdings-CLA 占 0.6%、ASANA INC CLASS A 占

註 3：AMC Entertainment Holdings - CLA 美股代號：AMC、ASANA INC CLASS A 美股代號：ASAN、卡駱馳（Crocs）美股代號：CROX、奧維特納（Ovintiv）美股代號：OVV、Tetra Tech 美股代號：TTEK。

0.33%、卡駱馳占 0.33%、奧維特納占 0.32% 和 Tetra Tech 占 0.31%
（註 3）。

❺費城半導體指數

費城半導體指數追蹤 32 家全球主要半導體公司，包含半導體設計、
設備、製造等。追蹤費城半導體指數的 ETF，以安碩（iShares）發行
的「iShares 半導體 ETF（美股代號：SOXX）」最為知名。

截至 2021 年 11 月底，SOXX 的資產規模為 94 億美元，內扣費
用為 0.43%，前 5 大持股（統計至 2021 年 10 月底）為輝達 8.97%、
博通 8.4%、英特爾 7.12%、德州儀器 5.5% 和高通 5.08%（註 4）。

②全美股市場

如果看好美國經濟長期發展，認為資本市場會持續創新高，且從小
型股到大型股都想要，從傳產股到科技股都想包的話，那 Vanguard
發行的「Vanguard 整體股市 ETF（美股代號：VTI）」，就是最佳選擇。

註 4：博通（Broadcom）美股代號：AVGO、英特爾（Intel）美股代
　　　號：INTC、德州儀器（Texas Instruments）美股代號：TXN、高通
　　　（Qualcomm）美股代號：QCOM。

VTI 是追蹤美國股票市場整體報酬，持股超過 2,000 檔，截至 2021 年 10 月底，資產規模為 1 兆 3,423 億美元，內扣費用為 0.03%，前 5 大持股為微軟 5.24%、蘋果 4.95%、亞馬遜 3.05%、字母公司 A 股 1.88% 和特斯拉 1.88%。

③各國股票市場

由於我相當看好美國經濟成長動能，認為美股長期將持續創新高，因此投資部位以美股為主。但就如企業會有營運興衰，也沒人可以保證美國會永遠維持霸權地位，如果投資人擔心未來美國長期經濟會衰退，美股不能再持續創新高，那就可考慮分散投資其他國家，例如已開發市場、新興市場或全球市場（詳見表 2）。如此一來，即使哪一天美國經濟真的衰落了，投資人的整體資產也不會受到太大打擊。

❶已開發市場

若是對已開發市場有興趣的投資人，可以關注 Vanguard 發行的已開發國家 ETF「Vanguard FTSE 成熟市場 ETF（美股代號：VEA）」，投資日本、英國、瑞士、法國、加拿大、德國、澳洲等已開發國家（不含美國），持股超過 4,000 檔。

截至 2021 年 10 月底，VEA 的資產規模為 1,636 億美元，內扣

表2 Vanguard全世界股票ETF持股數目逾9000家
—各國股票市場與其相對應的ETF

各國股票市場	相對應的ETF			
	名稱	持股數目（家）	資產規模（億美元）	內扣費用（%）
已開發市場	Vanguard FTSE成熟市場ETF（美股代號：VEA）	逾4,000	1,636	0.05（含0.01非管理費用）
新興市場	Vanguard FTSE新興市場ETF（美股代號：VWO）	逾4,000	1,109	0.1（含0.03非管理費用）
全球市場	Vanguard全世界股票ETF（美股代號：VT）	逾9,000	342	0.08（含0.01非管理費用）

註：1. 資料統計至2021年10月底；2. 內扣費用包含管理費用和非管理費用　　資料來源：MoneyDJ、ETF Database及Vangnard

費用為0.05%（包括管理費用0.04%、非管理費用0.01%），前5大持股為瑞士雀巢（Nestle SA.）1.52%、荷蘭艾司摩爾（ASML Holding N.V.）1.32%、韓國三星電子（Samsung Electronics）1.12%、瑞士羅氏（Roche Holding AG.）1.09%和日本豐田汽車（Toyota Motor）0.89%。

❷新興市場

若是對新興市場有興趣的投資人，可以關注 Vanguard 發行的
「Vanguard FTSE 新興市場 ETF（美股代號：VWO）」，投資中國、
台灣、印度、巴西、南非等新興市場，持股超過 4,000 家。

　　截至 2021 年 10 月底，VWO 的資產規模為 1,109 億美元，內
扣費用為 0.1%（包括管理費用 0.07%、非管理費用 0.03%），前
5 大持股為台灣台積電（2330）4.82%、中國騰訊（Tencent，美
股代號：TCEHY）4.44%、中國阿里巴巴（Alibaba，美股代號：
BABA）3.56%、中國美團（Meituan）1.61% 和台積電 ADR（美股
代號：TSM）1.49%。

❸全球市場

　　如果不論美國、已開發國家或新興市場都想要的話，只要投資
Vanguard 發行的「Vanguard 全世界股票 ETF（美股代號：VT）」，
就可以將投資區域分散到全世界。

　　截至 2021 年 10 月底，VT 的持股超過 9,000 家，資產規模為
342 億美元，內扣費用為 0.08%（包括管理費用 0.07%、非管理
費用 0.01%），前 5 大持股為微軟 3.16%、蘋果 2.98%、亞馬遜
1.85%、特斯拉 1.12% 和字母公司 A 股 1.11%。

只要全球經濟持續成長，就可支撐 VT 走勢長期向上，可將單一國家風險降到最低。投資人只要持續有紀律地將資金投入 VT，就可以累積相當不錯財富。

種類2》債券ETF

由於債券波動比股票小，而且能享有固定配息，所以債券 ETF 也經常在做資產配置時納入組合。

債券可以分為「企業債券」及「政府債券」，企業債券會依據營運狀況給予不同信用評等；而政府債券則依據國家信用展望給予不同信用評等。

由於美國為全球最大經濟體，稱霸全球金融市場，且主權地位穩固，所以美國政府發行的債券被視為無風險資產，幾乎沒有違約可能性。若投資債券是以安全為最高原則，美國政府債券自然是首選。美國政府債券可依到期時間分類，通常到期時間愈短的債券，利率愈低；到期時間愈長的債券，利率愈高。

由於愈久遠的事，不確定性愈高，所以 3 年期定存利率會比 1 年期定存利率高，而債券也是同樣的道理，到期時間長的政府公債，其殖

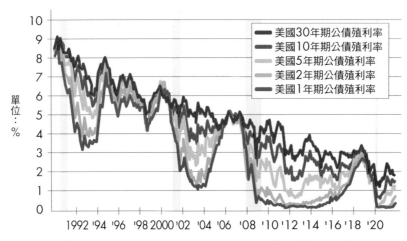

圖1 長天期公債殖利率大多高於短天期公債殖利率
——不同期限之美國政府公債市場收益率

單位：%

美國30年期公債殖利率
美國10年期公債殖利率
美國5年期公債殖利率
美國2年期公債殖利率
美國1年期公債殖利率

1992 '94 '96 '98 2000 '02 '04 '06 '08 '10 '12 '14 '16 '18 '20

註：1. 統計時間為 1990.01.01 ～ 2021.12.07；2. 灰底表示經濟衰退時期　　資料來源：FRED

利率在大多時候，都會比到期時間短的公債還要高（詳見圖1、補充知識）。

　　若以投資美國政府公債為考量，我認為可參考安碩（iShares）發行的「iShares 1-3 年期美國公債 ETF（美股代號：SHY）」、「iShares 7-10 年期美國公債 ETF（美股代號：IEF）」及「iShares 20 年期以上美國公債 ETF（美股代號：TLT）」這 3 檔 ETF，分別對應短期、中

補充知識

殖利率曲線倒掛

若發生短期公債殖利率超過長期公債殖利率的現象,則稱為「殖利率曲線倒掛(Yield curve inversion)」。之所以會出現這樣的現象,在於長期公債的殖利率可視為未來長期利率的預測,而短期公債的殖利率則可視為未來短期利率的預測。當投資人認為未來經濟可能衰退,導致未來長期利率更低,長期公債殖利率就會下降,但可能短期內經濟仍持續成長,推動短期公債殖利率上升,也就因此出現殖利率曲線倒掛的現象。所以當殖利率曲線倒掛出現時,常被視為未來經濟可能出現衰退的徵兆。

一般常以「10年期公債殖利率減去2年期公債殖利率」所計算出的數值判斷是否出現殖利率曲線倒掛現象,若算出的數值跌落負值,就代表2年期公債殖利率超過10年期公債殖利率,出現殖利率曲線倒掛現象。而就歷史數據來看,自1990年以來,只要美國出現殖利率曲線倒掛現象,不久後都會發生經濟衰退(詳見圖2)。

圖2 殖利率曲線出現倒掛現象,後續經濟恐將衰退
——10年期公債殖利率減去2年期公債殖利率

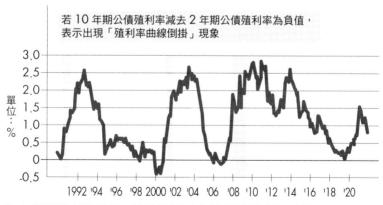

註:1.統計時間為1990.01.01～2021.12.07;2.灰底表示經濟衰退時期　　資料來源:FRED

期及長期公債 ETF。

　統計 2003 年 1 月至 2021 年 11 月表現可發現，若初始投入金額為 1 萬美元，則長期的 TLT 累積報酬最高，最終資產價值可達到 3 萬 2,338 美元，平均年化報酬 6.4%，但價格波動也最大，期間最大下跌幅度高達 21.8%；最短期的 SHY 累積報酬最低，最終資產價值僅 1 萬 4,253 美元，平均年化報酬 1.89%，但價格波動非常低，期間最大下跌幅度只有 1.18%，相當類似定存；而 IEF 則介於兩者之間，最終資產價值 2 萬 3,097 美元，平均年化報酬 4.52%，期間最大下跌幅度 7.6%（詳見表 3）。

　通常美國公債具有避險性質，當股市動盪時，資金常會流向公債，推升公債價格。上述 3 檔債券 ETF 都與股市呈明顯負相關，而到期時間愈長的公債，在股市下跌時，上漲幅度會愈大，愈能對沖股市下跌。

　然而過去表現僅供參考，自 1981 年以來，美國聯準會（Fed）基準利率處於持續下降的大趨勢中（詳見圖 3），即便中間偶有升息，但也難以回到過往利率水準，所以美國公債殖利率也愈來愈低，如今（2021 年 12 月）美國 10 年期公債殖利率只有 1.52%，接近歷史新低水準，成為推升公債價格的最大推手。

表3 TLT年化報酬率最高，達6.4%
——TLT vs. IEF vs. SHY

ETF名稱	初始投入金額（美元）	最終資產價值（美元）	年化報酬率（％）	最大下跌幅度（％）	股市相關性
iShares 20年期以上美國公債ETF（美股代號：TLT）	10,000	32,338	6.40	-21.80	-0.29
iShares 7-10年期美國公債ETF（美股代號：IEF）	10,000	23,097	4.52	-7.60	-0.29
iShares 1-3年期美國公債ETF（美股代號：SHY）	10,000	14,253	1.89	-1.18	-0.34

註：統計時間為 2003.01 ～ 2021.11　　資料來源：Portfolio Visualizer

　　以前當股市屢創新高時，保守的投資人可以買進債券做平衡配置，但考量現在基準利率非常低，導致公債價格非常昂貴，我認為現在買進公債，避險意義相對有限。雖然美國公債沒有違約風險，卻有很高的利率風險，故而投資人未來必須留意「聯準會升息，促使公債價格下跌」的可能性。

　　如果投資人想要避免股票組合波動過大，可以配置股息持續調升的公司，也就是「股息成長股」，通常可以持續配息並調升股息的公司，

也代表所處產業較為成熟，營收獲利更加穩定，股價波動幅度也會較低，較適合保守型投資人（詳見 Chapter 9）。

種類3》黃金ETF

黃金常被視為對沖美元的資產，當預期美元走弱時，黃金常會有不錯表現。全球資產規模最大的黃金 ETF 為道富環球管理基金（SPDR）發行的「SPDR 黃金 ETF（美股代號：GLD）」，會追蹤黃金期貨價格。截至 2021 年 10 月底，GLD 資產規模為 558 億美元，內扣費用為 0.4%。

除了黃金 ETF 之外，比特幣也因為供應量有限的特性，使愈來愈多投資人視其為「數位黃金」，而且也有愈來愈多企業認同此趨勢，像是特斯拉在 2021 年 2 月以平均 3 萬 2,600 美元價格買進 4 萬 6,000 枚比特幣，總額達 15 億美元，而 Visa（美股代號：V）、Square（美股代號：SQ）及 PayPal（美股代號：PYPL）等支付業者，也陸續開放比特幣支付。

許多知名投資經理人也對比特幣改觀，例如橋水基金創始人達里歐（Ray Dalio）曾表示，考慮增加虛擬貨幣部位以減少美元走弱風險；橡樹資本管理創辦人霍華‧馬克思（Howard Marks）也曾說，感謝

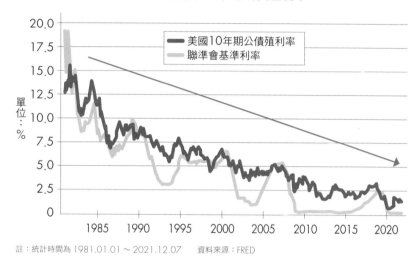

圖3 **聯準會基準利率和10年期公債殖利率同步向下**
——聯準會基準利率vs.美國10年期公債殖利率

註:統計時間為1981.01.01 ~ 2021.12.07　　資料來源:FRED

兒子為家族買進比特幣。不過,比特幣作為新興資產,價格波動性極高,若未來有更好的加密貨幣出現、政府加大監管或央行發行虛擬貨幣等,都會影響比特幣發展,這是投資前要注意的地方。

種類4》產業ETF

若看好特定產業發展,但沒有時間研究個別企業營運,那投資產業ETF 就是不錯的選擇。

依照道富環球管理基金（SPDR）分類，美國可分為 11 大產業，每種產業都有對應的 ETF 投資：

①**科技業**：包含軟體、硬體及半導體等，可投資「SPDR 科技類股 ETF（美股代號：XLK）」。

②**醫療保健**：包含醫療保健服務、醫療設備及製藥業等，可投資「SPDR 健康照護類股 ETF（美股代號：XLV）」。

③**房地產**：包含建築開發商及房地產信托基金等，可投資「SPDR 房地產類股 ETF（美股代號：XLRE）」。

④**能源業**：包含石油和天然氣開採、能源設備等，可投資「SPDR 能源類股 ETF（美股代號：XLE）」。

⑤**金融業**：包含銀行、金融服務及保險等，可投資「SPDR 金融類股 ETF（美股代號：XLF）」。

⑥**原物料**：包含化學製品、包裝品、金屬採礦等，可投資「SPDR 原物料類股 ETF（美股代號：XLB）」。

⑦**非必需消費品**：包含汽車、餐飲、服飾及電子商務等，可投資「SPDR 非必需消費類股 ETF（美股代號：XLY）」。

⑧**工業**：包含鐵路、航空、軍工、物流等，可投資「SPDR 工業類股 ETF（美股代號：XLI）」。

⑨**公用事業**：包含電力、瓦斯、自來水等，可投資「SPDR 公用事業類股 ETF（美股代號：XLU）」。

⑩**必需消費品**：包含家居用品、飲料及食物等，可投資「SPDR 必需性消費類股 ETF（美股代號：XLP）」。

⑪**通訊服務**：包含電信商及媒體娛樂等，可投資「SPDR 通訊服務類股 ETF（美股代號：XLC）」。

相比指數 ETF 分散持有各種產業，直接投資產業 ETF 有機會取得更高報酬。但產業會不時輪動，若同產業普遍走弱，就會受到較大影響。

另外，企業營運會持續轉型，傳統的產業分類並不能很完整代表一家公司。例如亞馬遜 1998 年剛成立時，因為經營電子商務，被分類

為非必需產業；但如今電子商務早已是生活必需，且亞馬遜也同時是全球最大雲端運算業者，卻依舊被歸類在「非必需產業」，而不是「科技產業」，這是使用產業 ETF 投資時可能會有的盲點。

種類5》主動型ETF

主動型 ETF 並非追蹤特定指數或產業，而是由經理人主動選擇看好的股票，並擇時進出，試圖創造比大盤更好的報酬。例如現任方舟投資行政總裁及投資總裁凱薩琳・伍德（Cathie Wood）操盤的「ARK新興主動型 ETF（美股代號：ARKK）」，由於 2020 年報酬率非常不錯，當年上漲 153%，遠勝同期標普 500 指數上漲 18.4%，因此受到投資人熱情追捧。

但過去優異的績效並不代表未來。以 ARKK 及 VOO 為例，從表 4可以發現，ARKK 每年報酬率波動很大，並沒有穩定勝過 VOO。而ARKK 經過 2020 年的亮眼表現後，2021 年截至 11 月底，年化報酬率下跌 15.1%，遠遠落後同期 VOO 上漲 23.17%。

若是投資主動型 ETF 必須留意股價位階是否過高，也要注意產業輪動的風險，雖然凱薩琳・伍德認為，DNA 定序、機器人技術、能源儲存、人工智能和區塊鏈等 5 大創新會在未來顛覆全球經濟，我也認

表4 ARKK 2020年年化報酬率遠勝VOO
——ARKK與VOO的年化報酬率比較

年	ARK新興主動型ETF（美股代號：ARKK）年化報酬率（%）	美國標普500指數ETF（美股代號：VOO）年化報酬率（%）
2015	3.75	1.31
2016	-2.00	12.17
2017	87.34	21.77
2018	3.51	-4.50
2019	35.08	31.35
2020	**152.82**	**18.29**
2021	-15.10	23.17

註：統計時間為 2015.01.01 ～ 2021.11.30　　資料來源：Portfolio Visualizer

同現在科技進步愈來愈快，這些趨勢在未來都會有不錯的發展。

　　但就算未來趨勢再看好，股價常都會跑過頭，若發現跑太快了就會休息再出發，例如 ARKK 在 2020 年，股價上漲幅度高達 152.82%，2021 年股價就轉弱整理是很正常的現象。漲多就會跌、跌多就會漲，才是股市規律，沒有天天過年的。

圖解教學 **查詢ETF詳細資訊**

投資人若想了解ETF詳細資訊的話，可以利用免費網站「MoneyDJ理財網ETF」查詢。

STEP 1　登入「MoneyDJ理財網ETF」首頁後（www.moneydj.com/etf/x/default.xdjhtm），依序點選❶「ETF介紹」的❷「基本資料」。

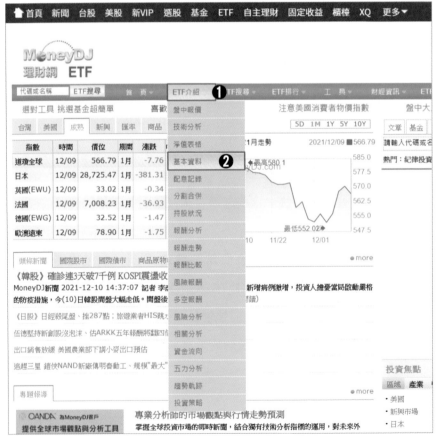

頁面跳轉後，選擇ETF發行公司和想研究的ETF，就可以查到該檔ETF的相關資訊。此處以「美國標普500指數ETF（美股代號：VOO）」為例，在ETF發行公司選擇❶「Vanguard」、在想研究的ETF選擇❷「Vanguard標普500指數ETF〈VOO〉」；接著點選❸「基本資料」，然後將頁面往下拉，即可看到❹VOO的基本資料。從圖中可知，VOO的成立日期為2010年9月7日，截至2021年10月31日，ETF規模為8,290億美元，總管理費用（即內文中的「內扣費用」）為0.03%。

若投資人覺得上述這種查詢方式很麻煩的話，也可以直接在網頁上輸入下面這一串網址「www.moneydj.com/ETF/X/Basic/Basic0004.xdjhtm?etfid=VOO」，然後把最後面的「VOO」，改成你想查詢的美國ETF代碼即可。

註：資料日期為 2021.12.01　　資料來源：MoneyDJ

Chapter 9

打造穩定金流

　　美股有很多額外增加現金流的訣竅，像是股息再投資計畫、借券等，雖然沒有立竿見影的效果，但時間拉長也是不無小補。

股息再投資計畫》享受複利效果

　　當我們購買一家公司的股票時，我們同時也是那家公司的股東。如果公司有盈餘時，公司通常會把部分獲利分享給股東，這就是俗稱的「股利」。

　　股利又可分為股票股利與現金股利（又稱股息）2 種，股票股利是發放公司股票，而現金股利則是發放現金，目前絕大多數美國公司採用現金股利的方式。而交易美股可以直接把現金股利，透過系統直接投資在該檔股票上，就是所謂的「股息再投資計畫（Dividend Reinvestment Program，DRIP）」。

而美國有許多公司營運歷史悠久，營收利潤穩定成長，配息也逐年增加，因此被稱為「股息成長股」，這時就可使用「股息再投資計畫」，將領到的股息拿來再投資，達到複利的效果。

根據 The Dividend Investing Resource Center 網站統計，目前美股市場中連續 10 年以上調高股息的公司達到 443 家！許多我們耳熟能詳的企業，例如全球最大醫療保健用品製造商嬌生（Johnson & Johnson，美股代號：JNJ）連續 57 年調高股息；世界最強速食連鎖集團麥當勞（McDonald's，美股代號：MCD）也連續 46 年調高股息。

投資股息成長股，等於投資人什麼都不用做，股利就一直往上成長。只要公司長期競爭力沒有改變，就不用太過擔心股價下跌。那要到哪裡找這些股息成長的企業呢？可以透過 The Dividend Investing Resource Center 網站（www.dripinvesting.org）查詢，此網站會定期整理股息成長股（查詢方式詳見圖解教學 1）。

找到股息成長股之後，若想個別了解公司的歷史配息紀錄，可以再使用「Dividend.com」、「Dividend Channel」和「Dividata」這3 個網站做進一步的查詢（註 1，查詢方式詳見圖解教學 2）。這 3 個網站的編排方式不太相同，偶爾資料也會有錯漏，可以互相搭配確

認。其中，我最喜歡的是「Dividata」，因為網站設計很直觀、簡潔，使用起來很方便。

當找到合適的標的以後，接著就可以利用股息再投資計畫來增加現金流。通常可以連續多年配息成長的公司代表營運績效穩定，即使歷經多輪景氣循環，仍可持續調升股利回饋投資人，很適合趁股價下跌時逢低加碼。但投資人還是要注意公司營運變化，如果發覺未來獲利可能長期下滑，就應該考慮更換標的，找到更有把握機會，才能控制風險！

我認為股息再投資計畫有 3 項好處：

好處1》可以降低交易成本

透過股息再投資計畫，投資人可以透過系統自動化的方式將公司發放的股息拿去買股，且不需任何手續費，可以大幅降低交易成本。

而且，雖然美股申購最小基本單位為 1 股，但就算配發的股息買不

註 1：Dividend.com 網址：Dividend.com、Dividend Channel 網址：www.dividendchannel.com、Dividata 網址：dividata.com。

起 1 股，透過股息再投資計畫，依然可以自動買進小數點單位的股票，日後若想賣出股票時，系統也會自動把小數點的部位賣出。

好處2》可以發揮複利力量

如果領到股利就開心花掉，對資產累積初期打擊不小。但若使用股息再投資計畫，就可以在剛開始累積資產時，盡可能省下每一筆錢，將資金花在最有報酬率的地方。

好處3》有強迫儲蓄作用

投資人在領取股息的當下，該筆資金就會透過系統自動購買該公司的股票，對於常常不知道錢花到哪的人來說，可以發揮莫大的作用。久而久之，就可發生利滾利效果，滾出如雪球般的報酬。

那要如何開通如此強大的功能？我們常聽到的美國券商，如德美利證券（TD Ameritrade）、第一證券（Firstrade）、嘉信證券（Charles Schwab）及盈透證券（Interactive Brokers）等，都有開放「股息再投資計畫」的功能，投資人只要上這些券商網站申請就可以了（申請方式詳見圖解教學 3）。

看到這裡，也許有些人會好奇，「投資美國公司，領取的股利因為

稅制的關係,必須先預扣 30%(註 2)。倘若進行股息再投資計畫,這樣划算嗎?」

我認為是划算的,原因有 2 個:

原因 1》美國是全球最大資本市場,許多國家的公司都會到美國掛牌上市

例如台灣半導體龍頭台積電(2330)在台灣有上市,也有在美股市場發行「美國存託憑證(American Depositary Receipt,ADR)」,代號為 TSM。由於台積電為台灣公司,依現行美國相關稅務法令,股息只會預扣 21%。

而不同國家的稅務法令也不一樣,若是英國公司在美國發行 ADR,股息是完全不用預扣稅的,例如聯合利華(Unilever,ADR 代號:UL)為英國公司,它所發放的股息投資人可以全部放進口袋。

註 2:假設好市多(Costco,美股代號:COST)今天要配 10 美元股息,那就會預扣 30%,也就是 3 美元股息,投資人實際只會收到 7 美元股息。

因此，若投資人想減少股息的預扣稅，可投資如英國、百慕達、開曼群島等免稅國家發行的證券。而若投資債券領取的配息類型為利息，也是都不會扣稅的。

原因 2》其實美股殖利率多半不高，股息稅大多只占投資成本的一小部分

以美股殖利率 2% 計算，股利扣稅 30%，等於隱含 0.6%（＝2%×30%）的費用，比起許多基金管理費都還要低。

因此，基於上述 2 個原因，我認為投資人若因為股息會扣稅，而不投資美股是很可惜的事情。比起股利的多寡，專注分析股利的成長性更加重要，若公司有能力持續調升股息，才能帶動股價長期上升。

而且台灣人投資美股賺取價差並不扣稅，公司將股息保留起來投資或買回庫藏股，推升未來盈餘持續成長，對投資人來說更加划算。

不僅賺取價差不扣稅，投資美股還有很高的海外所得免稅額度。依台灣現行稅務法令，每年海外所得超過 100 萬元者才須申報，且需每年基本所得加海外所得大於 670 萬元，方達課稅門檻。且課稅時，

僅就超出 670 萬元的差額部分，予以課徵 20% 稅率。

對大多數人來說，剛開始投資時，每年賺的錢並不會超過 670 萬元。如果隨時間持續累積，資產逐年穩定成長，最終達到課稅門檻，代表你的資產與最初相比，增加了許多，那是相當令人開心的事情。

借券》出借股票賺利息

除了股息再投資計畫以外，另一個增加現金流的方式就是「借券」。當我們買進股票後，除非發現當初買進理由改變，否則都會希望持有時間愈長愈好。而在持有股票的這段時間，借券就是一個可以活化資產的方式。

借券指的是出借人將手中的股票，借給其他投資人來賺取利息。利息會從股票的出借日開始，每日計算利息，每月固定入帳。

借券人的目的，可能是想放空、避險或套利，而我投資以長期持有為主，所以如果有人想借股票，並願意付利息，身為股東當然很歡迎，這些收入不無小補。而且與台股不同的是，當美股的股票被借出時，仍然可以隨時賣股票，並不會受到任何影響。

　　比較需要注意的是，美股借出的股票「不符合」證券投資者保護公司（Securities Investor Protection Corporation，SIPC）保護資格。SIPC 成立於 1970 年，並依照美國《1934 證券交易法》第 15（b）條規定，強制要求所有依法註冊的券商成為會員，並繳納會費建立投資者保護基金。當券商破產時，SIPC 負責償還券商客戶的現金及證券，最高保障額度達 50 萬美元。

　　但借券為投資人自行將手上股票借出，所以必須承擔借券人違約不還的風險，並不在 SIPC 負責的償還範圍。為此，美國證券交易委員會（United States Securities and Exchange Commission，SEC）要求，券商必須提供與借出股票價值相同的現金抵押，避免借券人無法將股票歸還的可能性發生。

　　另外，啟用借券服務後，並不代表股票就一定會被借出，且出借人不能決定只借哪一檔股票，也不能要求多少利率才借，券商會依市場需求借走股票，並隨時調整利率。目前常見的海外券商中，第一證券及盈透證券都有提供借券服務（詳見圖解教學 4），而德美利證券及嘉信證券則尚未提供。

前文有提到，投資股息成長股，只要公司長期競爭力沒有改變，投資人就不用太過擔心。以下，我就來教大家如何查詢股息成長股。

登入The Dividend Investing Resource Center網站首頁（www.dripinvesting.org），點選❶「Info / Tools / Forms」。

頁面跳轉後，接著點選❷「Dividend Champions Excel Spreadsheet（股息冠軍Excel電子表格）」即可下載檔案。

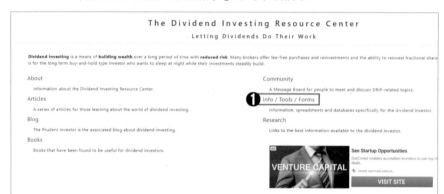

打開Excel檔後，可以將注意力放在Champions（股息連續成長25年以上的公司）、Contenders（股息連續成長10年至24年的公司）和Challengers（股息連續成長5年至9年的公司）這3張表上，此處以❶「Champions」為例。打開表單以後，投資人只需要關注❷Symbol（美股代號）、Company（公司）及❸No Years（股息連續成長年數）這3項資訊即可。

從圖中可以看出，股息連續成長25年以上的公司有ABM Industries Incorporated（美股代號：ABM）連續調升股息54年；阿徹丹尼爾斯米德蘭公司（Archer-Daniels-Midland Company，美股代號：ADM）連續調升股息46年；自動資料處理公司（Automatic Data Processing, Inc.，美股代號：ADP）連續調升股息46年等，往下拉可以看到總共129家公司。

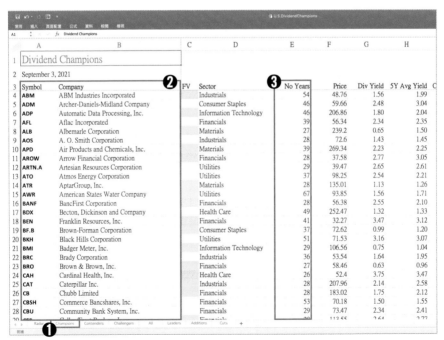

註：資料日期為 2021.12.15　　資料來源：DRiP Investing

找出股息成長股之後，若投資人對其中某一家公司有興趣，可以進一步研究該公司的歷史配息紀錄。此處以全球最大運動用品製造商耐吉（Nike，美股代號：NKE）為例。查詢方式如下：

進入dividata網站首頁（dividata.com），在空白處輸入想查詢的美股代號❶「NKE」，輸入完畢按❷「Go（執行）」。

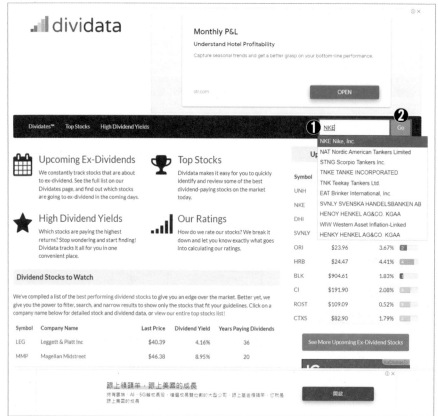

STEP **2**

頁面跳轉後，就可以看到Nike的配息概況。從圖中可以看出，截至2021年12月1日，Nike❶「Years Paying 35（連續配息35年）」、❷「Ex-Dividend Date 12/03/21（除息日為2021年12月3日，代表在這天以前買入股票就能領取配息）」、❸「Pay Date 12/28/21（支付日為2021年12月28日，配息實際入帳日）」。

確認完基礎配息資訊以後，可以點選❹「See Full NKE Dividend History（查看完整的NKE股息歷史紀錄）」。

接續下頁

頁面跳轉後，即可看到Nike的歷史配息紀錄。將頁面繼續往下拉，就可以看到Nike的❶歷年配息走勢，以及❷Ex-Dividend Date（除息日）和Dividend Amount（配息金額）。從圖中可以看出，Nike於2021年12月3日配息0.305美元、2021年8月27日配息0.275美元等。

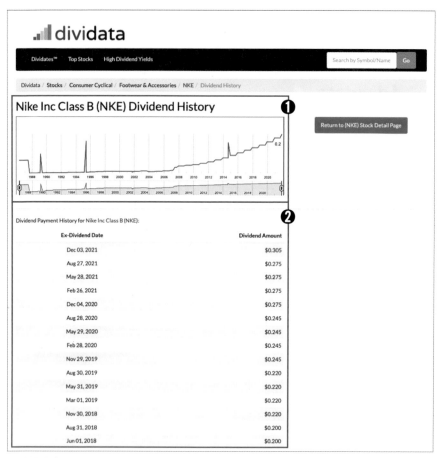

註：資料日期為 2021.12.15　　資料來源：dividata

申請「股息再投資計畫」

利用圖解教學1、圖解教學2的方式找到合適的標的之後,接著,就可以透過海外券商申請「股息再投資計畫」。以下介紹德美利證券、第一證券、嘉信證券及盈透證券申請方式。

◎德美利證券(TD Ameritrade)

德美利證券的股息再投資計畫申請方式如下:

STEP 1 登入德美利證券網站(www.tdameritrade.com)後,點選❶「我的帳戶」中的❷「股息再投資」。

我的賬戶❶ 交易	研究和交易機會	規劃和退休	教育 客戶服務
我的賬戶概覽	**交易歷史和對賬單**	**存款和轉賬**	
倉位	交易歷史	概覽	
餘額	對賬單	存款	
	交易確認	內部轉移	
成本基礎	股東信息庫	提款	
觀察列表		活動	
稅務中心		賬戶/銀行綁定	
投資組合規劃		**賬戶轉移**	
股息再投資 ❷			

接續下頁

頁面跳轉後，會看到2個選項：❶「Stock & ETF Dividends（股票與 ETF的配息再投資）」、「Mutual Fund Distributions（基金配息再投資）」。如果是要設定股票與ETF的股息再投資，請點選股票與ETF的配息再投資旁邊的❷「Enroll/Edit（註冊／編輯）」。

Dividend Reinvestment: Overview

Overview
Stock & ETF Dividends
Mutual Fund
Distributions

A Convenient Way to Grow Your Positions

The Dividend Reinvestment Plan (DRIP) provides a convenient way to grow your positions by:

- Automatically reinvesting dividends from stocks and ETFs to purchase whole or fractional shares
- Alerting mutual fund sponsors of your distribution elections. Reinvest the total distribution, or just the capital gain or dividend component

You can receive fractional or partial shares when your reinvestment doesn't equal a whole number. Learn about selling fractional shares

❶
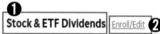
Stock & ETF Dividends | Enroll/Edit ❷

- **Eligible securities:** More than 5,000 U.S. listed and Nasdaq stocks, and most American Depository Receipts (ADRs)
- **Timing:** One to three business days to complete most dividend reinvestments; possibly longer if the company paid a large distribution or required special processing. Processing of foreign dividends varies and may take longer
- **Fractional shares display:** Fractional share amounts are not displayed on the **Order Status** page. To view your fractional shares, go to My Account > Positions or My Account > History & Statements > Statements

By enrolling in DRIP, you agree to the DRIP terms and conditions 📄

❶

Mutual Fund Distributions Enroll/Edit

Mutual fund distributions have two components: capital gains and dividends. You can choose to reinvest the total distribution, or just the capital gain or dividend component.

- **Eligible securities:** All mutual funds
- **Fractional shares display:** To view your fractional shares, go to My Account > Positions or My Account > History & Statements > Statements

STEP 3

頁面跳轉後，點選右下角的❶「Edit enrollments（編輯註冊）」。

Stock & ETF Dividends

Overview

Stock & ETF Dividends

Mutual Fund

Distributions

The stock and ETF dividend reinvestment plan (DRIP) lets you automatically reinvest cash dividends by purchasing additional shares or fractional shares. Choose eligible stocks or ETFs to enroll below.

By enrolling in DRIP, you agree to the DRIP terms and conditions

It typically takes one business day after a dividend payment for the dividend to be reinvested. Foreign dividends may take longer.

Eligible stocks & ETFs　　　　　　　　　　　　　　❶ Edit enrollments

STEP 4

頁面跳轉後，勾選❶「Automatically enroll ALL current and future eligible stocks and ETFs in DRIP.（自動啟用當前及未來的股票及ETF股息再投資計畫）」，並按下❷「Save（儲存鍵）」即可。

Stock & ETF Dividends

Overview

Stock & ETF Dividends

Mutual Fund

Distributions

The stock and ETF dividend reinvestment plan (DRIP) lets you automatically reinvest cash dividends by purchasing additional shares or fractional shares. Choose eligible stocks or ETFs to enroll below.

By enrolling in DRIP, you agree to the DRIP terms and conditions

It typically takes one business day after a dividend payment for the dividend to be reinvested. Foreign dividends may take longer.

Eligible stocks & ETFs　　　　　　　　　　　　Cancel　　❷ Save

❶ ☑ Automatically enroll ALL current and future eligible stocks and ETFs in DRIP.
Uncheck the box to turn off automatic enrollment and select individual securities (if any) to enroll.

資料來源：德美利證券

接續下頁

◎第一證券（Firstrade）

第一證券的股息再投資計畫申請方式如下：

登入第一證券網站（www.firstrade.com）後，依序點選❶「交易」、❷「持有證券」、❸「股息再投資計畫」。

頁面跳轉後，接下來就是選擇股息再投資的帳戶號碼，可從❶「選擇帳戶」的下拉選單中挑選。選好帳戶號碼之後，如欲將帳戶中所有股票進行股息再投資，可直接勾選❷「全部證券參加股息再投資計畫」，並按下❸「提交」即可完成。

若不想全部股票進行股息再投資，可跳到❹「顯示項目」，依「符合條件參加的證券」、「已參加」及「尚未參加」自行設定。

資料來源：第一證券

◎嘉信證券（Charles Schwab）

嘉信證券的股息再投資計畫申請方式如下：

 登入嘉信證券網站（client.schwab.com）後，點選❶「帳戶」中的
❷「庫存證券」。

 頁面跳轉後會看到目前所持有的證券，接著，在❶「股息再投資？」這個欄位中會顯示個股是否參加股息再投資，如果顯示為「否」的話，可點選做變更，將預設為「否」改選為「是」。點選完畢後，按下❷「更新」即完成。

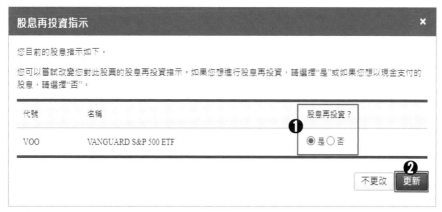

資料來源：嘉信證券

接續下頁

◎盈透證券（Interactive Brokers）

盈透證券的股息再投資計畫申請方式如下：

登入盈透證券網站（www.interactivebrokers.com）後，點選畫面右上方❶頭像，然後點選❷「帳戶設置」。

頁面跳轉後，接著點選右下方❶「股息選擇：股票：接收現金，共同基金：再投資」齒輪處。

頁面跳轉後，就可看到股息再投資計畫相關說明，其中區分為❶「股票」、「共同基金」，以及❷「再投資」、「接受現金」。若想啟用股息再投資計畫，就勾選❸再投資，並按下❹「繼續」即可完成。

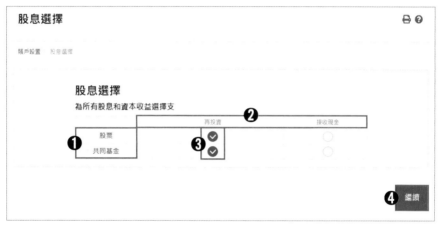

資料來源：盈透證券

圖解教學❹　借券操作流程

前文提到，借券也是增加現金流的一種方式。以下就來教大家，該如何借券。
以下介紹第一證券、盈透證券的借券方式。

◎第一證券（Firstrade）

第一證券的借券方式如下：

登入第一證券網站（www.firstrade.com）後，依序點選❶「我的帳
戶」、❷「設定」、❸「證券借出收益計畫」。

頁面跳轉後，即可下載「證券借出協議書（Master Securities Lending Agreement，MSLA）」。閱讀完相關內容之後，在第18頁下方❶「COUNTERPARTY（交易對手）」欄位處，簽署個人英文姓名及帳戶號碼。

SECURITIES LENDING PROGRAM IS APPROPRIATE FOR COUNTERPARTY, AND THAT APEX IS NOT COUNTERPARTY'S BROKER. APEX CAN ONLY RELY ON REPRESENTATIONS OF COUNTERPARTY AND COUNTERPARTY'S BROKER AS TO WHETHER THE PROGRAM IS APPROPRIATE FOR COUNTERPARTY, AND APEX ITSELF HAS MADE NO DETERMINATION AS TO THE SUITABILITY OR APPROPRIATENESS OF THE PROGRAM FOR COUNTERPARTY.

Executed and Agreed By:

Apex Clearing Corporation

By providing this Agreement to eligible Apex Customers who are applying to participate in Apex's Fully Paid Lending Program, Apex agrees to the terms and conditions specified herein.

❶ COUNTERPARTY:

_____

接續下頁

STEP 3　簽署完MSLA之後，接著，登入第一證券，依序點選❶「客戶服務」、❷「表格中心」、❸「上傳檔案」、❹「選擇帳戶」，然後❺拖放文件或點選「選擇文件」，將簽署好的MSLA上傳。之後只要等待第一證券審核完成，即可啟用借券服務。

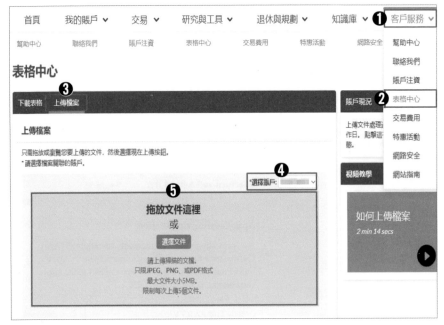

資料來源：第一證券

◎盈透證券（Interactive Brokers）

盈透證券的借券方式如下：

STEP 1 — 登入盈透證券網站（www.interactivebrokers.com）後，點選畫面右上方❶頭像，然後點選❷「帳戶設置」。

STEP 2 — 頁面跳轉後，接著點選右下方❶「股票收益提升計畫：已啟用」齒輪處。

接續下頁

STEP 3　頁面跳轉後，就可看到「股票收益提升計畫」相關說明，勾選❶方框處後，點選右下方❷「繼續」，等待盈透證券審核完成，即可啟用借券服務。

資料來源：盈透證券

Note

Chapter 10

避免投資偏誤

　　2020 年，原本要在日本東京舉辦的奧運，受新冠肺炎（COVID-19）疫情影響，延後 1 年舉辦。此屆奧運，台灣隊闖下史上最強成績，在跆拳道、柔道、空手道、拳擊、舉重、射箭、羽毛球、桌球、高爾夫球、體操等項目都有斬獲，更有許多項目都是史上首次奪牌，總獎牌數來到 12 面，拿下 2 金 4 銀 6 銅。

　　這些奧運頂尖高手的對決，比股市波動還要刺激。比賽過程高潮迭起，在實力水準接近下，就是比誰心理素質更強，更能專注每個細節，不去想比賽結果。

　　台灣 19 歲桌球好手林昀儒在東京奧運 4 強戰遭遇世界球王樊振東，面對 7 戰 4 勝制，處於 2 勝 3 敗落後局面，進入不能再輸的第 6 局。中間比數一度來到 5 比 9，樊振東只需要再贏 2 分就獲勝。眼看林昀儒就要輸掉比賽之際，卻出現驚人逆轉，林昀儒奮起一搏，連得 6 分

逆轉，奪下第 6 局，硬是將戰線拉長至第 7 局。雖然最後林昀儒仍功敗垂成，無緣晉級決賽，但已將世界球王嚇出一身冷汗。賽後接受記者訪問時，林昀儒說：「我從來沒有把比分放在心上，不論局面領先或落後，我沒有任何一刻想過放棄，就是專注打好每一球。」

許多頂尖選手受訪時，都曾說過和林昀儒類似的話，「專注於過程，而不是結果，當你想著結果，就無法發揮實力。」我認為投資也是一樣，長期目標固然是獲利，但股價漲跌不是自己能控制的，若太過在意股價波動，就不能做出正確的決策。

好比《黑天鵝效應》、《反脆弱》等書的作者塔雷伯（Nassim Nicholas Taleb）曾說：「在機率的觀念下，賺大錢的人可能只是運氣好的傻瓜，而賠錢卻也只是運氣不好罷了。」不用羨慕別人大賺，也不用哀嘆自己沒賺到，短期股價波動充滿隨機性，正確的決策可能賠錢、錯誤的決策也可能賺錢，專注在決策品質才有助長期獲利。

我們每天日常生活中都會做大大小小決策，像是今天午餐要吃什麼、要不要上健身房、要不要去逛街等。更有許多與財務相關的決策，像是要存多少錢投資、要買房還是租房、要存多少錢才能退休等，這些決策都沒有標準答案。每個人的出身背景及經濟條件都不同，必須

依照自身狀況，仔細衡量利益得失後，才能做出對自己最好的決定。

　然而大腦的決策機制卻不是完全理性，常會因為各種因素，不自覺地做出不理性的決定。例如我們可能看到商家推出限時超殺優惠，明明沒有那麼需要這件商品，但卻貪圖優惠買下去，然後就放在家裡從來沒用過。

　面對愈複雜的決策，大腦愈容易投機取巧，從經驗或直覺出發，沒有思考太多就做出決定，如此就容易產生不理想的結果。所以收集資料、過濾雜訊、分析公司還不足夠，必須培養理性決策的能力，才有助投資績效更加提升。

投資人常見的12項偏誤

　以下，我整理出幾項常見的投資偏誤：

1.確認偏誤
　投資人常會尋找能證實自身想法的資訊，卻忽略不同看法的資訊，當投資人持有某檔股票時，往往只會找利多看法支撐持有信念，卻忽略所有利空看法，如此就容易有決策失誤發生。

2.過度自信

投資人常常會高估自己能力，認為可以預測未來市場走勢，相信自己可以比別人更有能力挑出好股票，並掌握進出場時機，但實際表現卻往往不如預期，反而因此影響投資報酬，永遠對市場保持謙卑，才更有機會提高勝率。

3.損失規避

由於虧錢的痛苦遠比賺錢的快樂更大，投資人面對虧損時常會拒絕承認損失，選擇等待回本，甚至為了彌補虧損，往下攤平加碼，承擔更多風險。因此，投資人常會長期持有賠錢的股票，卻很快賣出賺錢的股票，但買賣決策與賺錢賠錢無關，重點是思考當初買進理由是否還在。

4.從眾效應

每年市場都會有飆股出現，投資人常因為看見大家都買某檔飆股賺大錢，就會心癢難耐跟著進場。但往往等到自己進場了，才發現後面沒有買盤接手，最後只能看著泡沫破裂，股價一路崩跌。

5.後見之明偏誤

對於過去發生的事情，投資人常認為自己可以在事前就預測未來發

展,白話說就是馬後炮,但實際情況是從來沒人知道未來會發生什麼事,只能邊做邊修正。若認為自己什麼都知道,很容易變得過度自信,而發生決策失誤。

6.定錨效應

投資人進行決策時,常會過度偏重過去的資訊,即使這個資訊根本無關緊要。例如投資人常認為某檔股票自 100 元跌到 50 元,現在買進可以等它回到 100 元再賣出。但事實上,過去的股價表現與未來的股價表現沒有任何關聯,只參考過去股價表現就決定是否投資公司,很難做出明智的決定。

7.沉沒成本謬誤

投資人常會對虧損過於在意,希望以前投入的資金能夠回本,即便發覺企業營運惡化,仍選擇繼續抱住股票,從而讓虧損更加擴大。但更好的處理方法是要考量機會成本,評估同樣的資金有沒有更好的機會,而不是固守同家公司。

8.資訊偏誤

投資人常會有資訊焦慮,想尋求更多資訊做出決策,但其實有許多資訊都對決策沒有幫助,甚至收集太多資訊導致過度自信,但卻沒發

覺多數都是不重要的雜訊，例如分析企業未來長期競爭力，卻關心這家公司配息多少錢。

9.妄下結論

妄下結論則與資訊偏誤相反，投資人只根據很少的資訊就做出決策。例如單純看見個股的殖利率很高，就決定進場買進股票。

10.倖存者偏誤

投資人常過度關注倖存的事物，卻忽略沒有倖存的事物，造成錯誤的結論。例如看見媒體報導某達人開槓桿重壓某檔股票大賺，就認為自己也能複製相同績效。但媒體沒說的是，有更多人開槓桿重壓某檔股票失敗，看不到明天的太陽。

倖存者偏誤也是做股票回測時常出現的偏誤。例如亞馬遜（Amazon，美股代號：AMZN）股價曾在 2000 年網路泡沫跌至不到 3 美元，如今股價約 3,400 多美元，成長超過 1,000 倍。事後回頭看，很容易做出「當初買亞馬遜就好」的結論。

但回到 2000 年當下，亞馬遜就是一家快破產的公司，有許多網路科技公司都在那波浪潮遭到淘汰。如果忽略評估未來潛力，並不會去

投資亞馬遜這家公司。

11.熟悉偏誤

投資人常常只想投資自己熟悉的事物,但反而容易過度配置某部分資產,而造成投資組合不夠分散,甚至誤認風險很低,冒下更大的風險。例如債券在過去被認為是保守的配置,可以降低資產波動,但如今利率處於歷史新低,投資債券必須承擔更多的利率風險。

12.結果偏誤

投資人在評價決策好壞時,常會根據結果決定,而不是決策品質,認為賺錢就是正確決策,賠錢就是錯誤決策。但實際情況是再嚴謹的分析,也可能股價發展不如預期而賠錢,隨便射飛鏢買進股票,也有可能買到飆股而賺錢。

上述常見的投資偏誤,都是我過去做決策時,常會犯的錯誤。現在,我在做決定時,都會檢查看看,自己有沒有犯了上述這 12 項錯誤,若有,就迅速改正。投資從來不是一件簡單的事情,唯有小心謹慎,才能避免感情用事,做出更好的決定。

因此,我建議投資人,在買進前,就要仔細思考買進理由,並了解

個人的風險承受能力，設定可接受的最大虧損幅度，避免單筆虧損過高，才能減輕心理壓力；買進後，要隨時評估當初買進理由有無修正必要，並避免片面吸收單一觀點，多方吸收不同觀點資訊，再做出客觀的綜合判斷，若發覺理由改變就必須出場。

股神巴菲特（Warren Buffett）曾說：「投資不需要高智商也能獲取好成績，但你必須學會控制自己的情緒。」投資最大的敵人永遠都是自己，必須學會克服心理的弱點，才能成為更卓越的投資人。

Chapter 11

解析實戰案例

　　由於美國有各式各樣的 ETF 及公司，我將自己的投資組合分為 2 成 ETF、4 成配息股及 4 成成長股。

　　ETF 以指數型 ETF 為主，並以類似存股的方式進行，會維持固定投入比重，並不會隨意賣出。我認為隨未來經濟持續發展，美國股市繼續向上的機率仍非常高，而若看好特定產業 ETF，也會酌量布局。

　　配息股以營運穩定成熟、可連續調升股息多年的公司為主，也就是 Chapter 9 介紹的「股息成長股」，這類公司通常股價波動較低，只要未來營運良好，就能支撐股價趨勢上漲，當股價拉回時也適合分批逢低加碼，並隨時間推移累積獲利。

　　以前美國聯準會（Fed）基準利率較高時，我也會投資公司債及特別股取代配息股，作為領取穩定配息的組合。但現在聯準會基準利率

處於歷史新低，固定收益產品價格相當高昂，由於固定收益多為固定配息，並不會隨營運成長持續調升配息，價格漲得愈高報酬就愈低，我認為必須等未來聯準會基準利率回升，才有更好的投資時機。

而成長股指的是，我認為未來幾年平均營收成長率將超過 15% 的公司，這類公司所處產業通常成長很快，也正處快速成長期，所以配息通常發得不多，甚至完全不發，會將節省下來的資金用於投資公司本身業務，推動未來營收持續高速成長。但營收成長愈快，往往也會伴隨更大的股價波動，所以適合搭配技術分析判斷趨勢強弱，才能控制虧損鎖住獲利，進出頻率會比配息股高 （詳見 Chapter 7 ）。

不過，配息股及成長股的界線是模糊的，有些公司可能兼具兩者特色，必須隨營運動態調整，並不是一成不變。營運成熟的配息股可能找到新市場或新產品，開創一波新的成長動能，搖身一變成為成長股，若造成股價瘋狂飆升，那也要留意股價是否過熱；而成長股也可能隨營運漸趨穩定，實現穩定利潤，並配發股息回饋股東，轉型成為配息股，股價波動也不再那麼大。

此篇會向大家介紹我有關注的幾家公司。目前我以寶僑、百事、迪士尼、聯合利華、Store Capital 等公司作為配息股組合；而成長股則

看好半導體、電子商務、雲端產業及行動支付發展，布局應用材料、輝達、亞馬遜、Shopify、CrowdStrike、Snap、PayPal、Square 及 Visa 等公司，ETF 則是布局 ETFMG 卓越移動支付 ETF。各實戰案例分述如下：

案例1》寶僑：連續配息131年

寶僑（P&G，美股代號：PG）為全球最大日用消費品製造商，其業務分為 10 大品類，包括嬰兒護理、織品保養、家庭護理、女性護理、美容、頭髮護理、居家照護、口腔護理、個人保健，以及皮膚和個人護理，產品從洗衣粉、紙尿布、洗髮精、沐浴乳到刮鬍刀都有。

寶僑旗下擁有 65 個品牌，許多品牌都家喻戶曉，現在有 21 個品牌年度營收超過 10 億美元，像是每天洗頭會用海倫仙度絲、刮鬍子會用吉列（Gillette）刮鬍刀、生理期要用好自在、包尿布要用幫寶適等，在生活中隨處可見。由於這類日用消費品為民生必需，受景氣循環影響很低，而且就算漲價民眾還是要買，也讓寶僑營收獲利持續穩定成長。

過去寶僑採用多品牌策略，最高峰時品牌數多達 170 個，但反而

資源分配錯亂，增加管理困難，也使營收成長停滯。後來寶僑發現，旗下 170 個品牌中，有 65 個品牌貢獻 85% 營收及 95% 利潤，於是在 2014 年提出轉型策略，把沒貢獻的品牌通通砍掉，將品牌數目從 170 個縮減為 65 個，也讓營收重回成長軌道。

2020 年，新冠肺炎（COVID-19）疫情爆發，人們對自身健康及環境清潔更加注重，個人健康護理產品，如維他命、保健品等產品需求增加，清潔用品需求也明顯成長。之後雖然隨著疫情趨緩，健康護理及清潔用品需求可能下滑，但寶僑提供的產品大多都是日用必需品，獲利波動會較低。

2021 年，全球原物料及運價瘋漲，使寶僑營運成本提高，為了轉嫁成本，寶僑自 2021 年 9 月起將調漲嬰兒產品、成人尿布與女性照護產品價格，平均漲幅約 4% ～ 9%。像寶僑這種擁有定價權的公司，營運表現都會不錯。現在寶僑旗下的公司產品因為原物料成本上升，所以漲價，但未來即使原物料成本下降，公司產品也不會因此降價，就是繼續低調賺錢。

從 2021 年 7 月 30 日寶僑公布的 2021 財年（註 1）全年財報觀察，營收 761 億美元，相比 2020 年同期成長 7%；淨利潤 143 億

5,200 萬美元，相比 2020 年同期成長 10%；每股盈餘（EPS）5.66 美元，相比 2020 年同期成長 11%，顯示營運仍穩健成長，隨未來調漲產品價格，獲利仍可望再創高峰。此外，寶僑也樂觀看待公司未來展望，預估 2022 財年營收成長 2%～4%，每股盈餘成長 3%～6%。

寶僑為營運非常成熟的公司，雖然很難期待會有爆發性成長，但好處就是很穩定，只要營運沒有走下坡，股息就會愈來愈多，支撐股價長期上漲。回顧過去寶僑的配息歷史紀錄可以發現，截至 2021 年 9 月，寶僑已經連續配息 131 年，等於是從中國清朝時期就配息到現在，且已經連續 65 年提高股息。

我從 2012 年 5 月開始投資寶僑迄今，當時平均買進價格約 65 美元，如今寶僑價格為 161.32 美元（2021 年 12 月 16 日最高價），股價上漲 148.18%（＝ 161.32 美元÷65 美元－1×100%，詳見圖 1）。以配息股來說，是很不錯的表現。若未來股市有震盪導致

註 1：財年（Fiscal/Financial Year）是美國公司作帳的會計年度。不同公司，有不同的財年，投資人可從美國公司的年報（10-K）中看出該檔個股財年的時間範圍。例如寶僑 2021 財年，實際財報統計時間為 2020 年 7 月 1 日至 2021 年 6 月 30 日。

圖1 持有寶僑9年多，股價上漲148%
——寶僑（美股代號：PG）日線圖

註：統計時間為 2012.04.18 ～ 2021.12.16　　資料來源：XQ 全球贏家

股價拉回，只要寶僑競爭力依然強大，我認為都是很不錯的機會。

案例2》百事：股利連續成長49年

百事（Pepsi，美股代號：PEP）是全球知名飲料及零食企業，擁有包含百事可樂、七喜汽水、樂事洋芋片、多力多滋玉米片、桂格麥片、立頓奶茶、星冰樂等 23 個品牌，且這些品牌的年度營收均超過 10

億美元。

　由於食品產業變動較為緩慢，營運績效相當穩定，也使得百事連續調升股息 49 年（截至 2021 年 12 月初），過去 5 年（2017 年～2021 年）股利成長達 7.6%。

　雖然現在健康意識抬頭，消費者漸漸不喝碳酸飲料、不吃洋芋片，但百事擁有許多知名品牌，可快速適應消費者口味變化，持續推陳出新，滿足消費者喜好。由於百事擁有營運規模優勢，有龐大廣告行銷預算，也很容易加深消費者品牌印象，成為消費者心中首選。

　我認為，相比最大對手可口可樂（Coca-Cola，美股代號：KO）主攻飲料，百事在飲料及零食均有布局，而零食利潤率也比飲料更佳，讓百事更可度過疫情衝擊。

　我上次加碼百事是在 2020 年 3 月～ 5 月期間，平均買進價格約 116 美元，當時受疫情影響，全球許多餐廳、電影院等場所均被迫關閉，因此對百事飲料業務造成衝擊，股價自 2020 年 2 月 18 日最高點 147.2 美元，下跌至 2020 年 3 月 20 日最低點 101.42 美元，跌幅高達 31.1%。

後來百事在 2020 年 7 月 31 日公布 2020 財年第 2 季財報，雖然疫情對百事飲料業務造成衝擊，營收衰退 7%。但許多人待在家中卻增加吃零食及早餐的頻率，使得百事的零食營收成長 6%，桂格麥片營收更逆勢成長 23%。最終，百事的總營收只有衰退 3%，獲利衰退 4%，營運表現比想像中更穩健。

2020 年 10 月 1 日，百事公布最新 2020 財年第 3 季財報：營收 180 億 9,000 萬美元，成長 5.2%；營業利潤 30 億 1,100 萬美元，成長 5.46%。從前述數據中可發現，百事的營收及獲利都恢復成長軌道，可見業務分散的好處。

若從分部營業利潤來看，當時北美百事飲料（PepsiCo Beverages North America）營業利潤 6 億 9,700 萬美元，仍衰退 16%，其實獲利能力仍有改善空間。不過，隨疫情逐漸趨緩，經濟活動恢復正常，未來北美飲料業務營運將呈現好轉。即便疫情影響時間比想像中長，遠端工作及遠距學習成為新常態，生活並不會完全回到過去，那也代表會有更多在家吃零食及早餐的機會，百事食品業務也將從中受惠。

由於疫情加速電商發展，為了適應消費者不斷變化的習慣，2020年，百事也架設 2 個電商網站「PantryShop」與「Snacks」（註 2），

讓消費者可以線上購物，直接面對消費者，才能更了解消費者需求，提供最好的產品。

我認為百事在飲料及零食均有布局，而它所推出的電商網站，也讓營運更有彈性。不論未來疫情如何發展，營運持續向上機率仍相當高。我從 2020 年 3 月加碼百事持有至今，以平均買進價格約 116 美元計算，如今百事股價為 173.56 美元（2021 年 12 月 16 日最高價），上漲幅度達 49.62%（＝ 173.56 美元 ÷116 美元－1×100%，詳見圖 2）。

由於百事為營運非常穩健的公司，連續 49 年調升股息，若未來股價漲多回檔，只要公司未來營運持續成長，我認為都是很不錯的機會。

案例3》迪士尼：未來成長焦點在串流影音

迪士尼（Disney，美股代號：DIS）為全球最大媒體娛樂集團，過往迪士尼營運績效穩健，過去 10 年（2010 年～ 2019 年）營收平

註 2：PantryShop 的網址：PantryShop.com；Snacks 的網址：Snacks.com，但目前僅開放美國用戶使用。

圖2 持有百事近2年，股價上漲49%

——百事（美股代號：PEP）日線圖

註：統計時間為 2020.03.02 ～ 2021.12.16　　資料來源：XQ 全球贏家

均每年成長 6.77%，而且營收穩定成長的同時，也能實現利潤成長，
過去 10 年每股盈餘平均每年成長 14.2%。

　　迪士尼擁有所向披靡的內容，有史以來全球最高電影票房前 10 名
中，迪士尼擁有 8 部，像是《阿凡達》、《復仇者聯盟：終局之戰》、
《鐵達尼號》、《星際大戰：原力覺醒》、《復仇者聯盟：無限之戰》、
《獅子王》、《復仇者聯盟》、《冰雪奇緣 2》等，都是迪士尼作品。

電影深入人心的同時，迪士尼更斥資打造迪士尼樂園，將電影場景完美重現，吸引源源不絕遊客，為大家帶來夢想及歡樂。電影及樂園的成功行銷，更帶動周邊授權產品熱賣，讓迪士尼持續賺取收入。

　　然而 2020 年疫情爆發後，由於擔憂迪士尼的樂園及電影業務會大受影響，迪士尼股價自 2019 年 11 月 26 日最高點 153.41 美元，下跌至 2020 年 3 月 18 日最低點 79.07 美元，跌幅高達 48.46%。

　　迪士尼在 2020 年 5 月 5 日公布 2020 財年第 2 季財報：合併營收 180 億美元，相比 2019 年同期成長 21%；營業利潤 24 億 2,000 萬美元，相比 2019 年同期衰退 37%。而同時期迪士尼旗下各部門重點如下：

　　1. 媒體網絡集團營收 72 億 5,700 萬美元，相比 2019 年同期成長 28%；營業利潤 23 億 7,500 萬美元，相比 2019 年同期成長 7%。營收成長是因為迪士尼在 2019 年收購 21 世紀福斯集團（21st Century Fox），之後雖然因為疫情影響，導致 NBA 等體育賽事無限期停賽，迪士尼 ESPN 廣告營收年減 8%。但迪士尼認為，觀眾非常渴望觀賞體育賽事，因為停賽期間播出的美國國家橄欖球聯盟（NFL）

選秀，及籃球之神麥可‧喬丹（Michael Jordan）紀錄片《最後之舞》（The Last Dance）都創下收視紀錄。

2. 遊樂園、體驗和產品集團營收 55 億 4,300 萬美元，相比 2019 年同期成長 10%；營業利潤 6 億 3,900 萬美元，相比 2019 年同期衰退 58%。遊樂園、體驗和產品部門受疫情影響最大，上海及香港迪士尼在 2020 年 1 月關閉、東京迪士尼在 2020 年 2 月關閉、美國及法國迪士尼在 2020 年 3 月關閉。由於這次季報只統計到 2020 年 3 月 28 日止，所以沒有完全反映衰退。

3. 電影娛樂集團營收 25 億 3,900 萬美元，相比 2019 年同期成長 18%；營業利潤 4 億 6,600 萬美元，相比 2019 年同期衰退 8%。營收成長主要因為 2019 年收購 21 世紀福斯集團，但疫情導致電影院關閉，迪士尼只能重新安排電影發行日期，將對營收造成衝擊。迪士尼認為，「在電影院觀賞影片」的體驗是難以取代的，但會持續觀察消費者動向，如果發現消費者不再去電影院，也會考慮直接將電影在串流平台 Disney ＋推出。

4. 直接對消費者的銷售營收 41 億 2,300 萬美元，相比 2019 年同期成長 4.7 倍；營業虧損 8 億 1,200 萬美元，2019 年同期虧損

3 億 8,500 萬美元。營收成長主要由 Disney ＋貢獻，截至 2020 年 5 月 4 日止，Disney ＋已達 5,450 萬人訂閱。

當時我認為，雖然受疫情管制措施影響，民眾難以回到樂園及電影院消費，但長期而言，只要疫情受到控制，迪士尼的營收仍會恢復成長軌道。

過去幾年，迪士尼最大威脅來自串流影音，迪士尼擁有的 ESPN 頻道是全球最大體育頻道，24 小時持續播放各類體育賽事，廣受無數觀眾歡迎，為迪士尼帶來豐厚收入。2019 年，ESPN 頻道貢獻迪士尼近 4 成營收，超過 5 成利潤。

但串流影音崛起後，有線電視收看人數持續下滑，ESPN 訂閱戶數逐年下降，2015 年訂閱戶數 9,200 萬人，2019 年下滑到只有 8,300 萬人，對 ESPN 營收造成打擊。

營收衰退的同時，ESPN 轉播成本卻持續墊高，為了播放各類體育賽事，每年必須付出轉播權利金數十億美元。以 NBA 為例，ESPN 在 2014 年與 NBA 簽下 9 年合約，每年必須付出高達 14 億美元轉播權利金，較舊合約成長近 3 倍。

面對串流影音崛起，迪士尼在 2019 年 4 月 11 日宣布將於同年 11 月 12 日推出 Disney ＋豐富的內容，並預估 2024 年，訂閱用戶數可望達 6,000 萬人～ 9,000 萬人，而且首次實現獲利。結果 Disney ＋在 2020 年 4 月訂閱人數就達到 5,450 萬人，遠遠超過原先設定目標。

目前串流影音產業龍頭仍是網飛（Netflix，美股代號：NFLX），訂閱會員達 2 億 1,400 萬人，但我認為迪士尼豐富的原創內容，很有機會吸引消費者，並在串流影音產業搶下一席之地。

而且各大串流影音平台雖互有競爭，但最大共同目標就是取代有線電視。目前串流影音訂閱價格仍遠低於有線電視，美國有線電視每月訂閱費用平均高達 90 美元，但 Netflix、Disney ＋、HBO Max 等串流影音平台，每月只要 10 美元～ 15 美元，所以用戶並不會訂閱一個，而是同時訂閱很多個。

根據 MoffettNathanson 研究，原本收看有線電視的家庭，平均會訂閱 3.3 個串流影音服務；而沒有收看有線電視的家庭，平均會訂閱 2 個串流影音服務。串流影音豐富的內容不僅吸引有線電視用戶，也吸引原本不看有線電視的用戶加入訂閱，讓整體產值更高，長期發展

依然相當看好。

　我認為迪士尼戰略位置相當有利，若疫情最終受到控制，勢必帶動迪士尼樂園及電影部門強勁復甦，而若疫情持續則有助串流影音業務維持成長，不論消費者選擇繼續當「阿宅」追劇或出門旅遊看電影，迪士尼業務都可從中受惠。

　所以我在 2020 年 3 月～ 5 月期間，決定趁回檔分批買進迪士尼，平均買進價格為 97 美元，後來迪士尼股價最高曾到 2021 年 3 月 8 日的 203.02 美元，漲幅高達 109.3%。由於股價短期內漲幅已高，為了將獲利適時放進口袋，我在 2021 年 3 月 24 日發現迪士尼股價跌破上升趨勢線後就減碼持股，平均出場價格為 183 美元，獲利 88.66%（＝ 183 美元 ÷97 美元－ 1×100%，詳見圖 3）。

　由於直至今日，疫情仍持續籠罩全球，迪士尼股價也出現回檔。截至 2021 年 12 月 15 日止，迪士尼股價為 150.4 美元，自 2021 年 3 月 8 日以來回檔 25.92%。

　但我仍長期看好迪士尼未來營運發展，若未來股價可往上突破均線壓力，就有機會重新恢復漲勢，我自己也配置部分資金長期持有，耐

圖3 持有迪士尼約1年，獲利達88%

——迪士尼（美股代號：DIS）日線圖

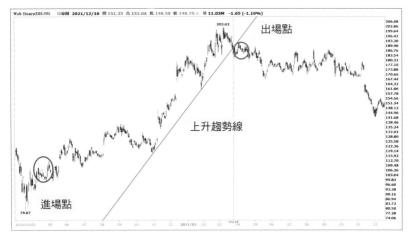

註：統計時間為2020.03.02 ～ 2021.12.16　　資料來源：XQ全球贏家

心等待營運出現轉機。

案例4》聯合利華：配息免扣稅且年成長10%

聯合利華（Unilever，美股代號：UL）成立於1929年，為全球知名消費品集團，總部設在英國倫敦，旗下有400多個品牌，包含多芬（Dove）、麗仕（Lux）、凡士林、蒂沐蝶（Timotei）、白蘭、熊

寶貝、立頓（Lipton）、康寶（Knorr）等，都是生活中常見品牌。

聯合利華旗下的產品種類包含食品、清潔劑、家庭用品、個人護理用品等，分成 3 大產品部門，分別是「食品＆茶點」、「美妝＆個人護理」和「家庭護理」。

從 2020 年產品營收觀察，聯合利華的最大營收主要來自「美妝＆個人護理」，占整體營收約 41%；其次為「食品＆茶點」，占營收約 38%；最後是「家庭護理」，占營收約 21%。

聯合利華在 2021 年 7 月 22 日公布 2021 財年第 2 季財報：營收 135 億歐元，相比 2020 年同期成長 5%；每股盈餘 0.59 歐元，相比 2020 年同期衰退 6.3%。

隨疫情封鎖措施逐漸解除，戶外食品成長強勁，愈來愈多人出來玩，社交場合愈來愈多，像是止汗劑、口腔護理及護膚產品也都 2 位數成長；而居家食品、清潔劑及消毒水等則隨疫情趨緩有所降溫，但仍高於疫情前水準。由於聯合利華產品線非常廣泛，我認為不論未來疫情怎麼發展，都會有業務能從中受惠，消費者很難避開其產品，未來還是可以保持溫和成長。

　　現在影響聯合利華股價偏弱的原因，在於原物料及運價大幅上漲，必須調漲更多產品價格才能維持獲利能力。而聯合利華 2021 財年第 2 季營業利潤率 18.8%，比 2020 年同期營業利潤率 19.73% 下降不少，導致本季每股盈餘相比 2020 年同期衰退 6.3%。

　　雖然聯合利華仍預計 2021 財年營收成長 3.5%，但由於原物料及運價上升速度比想像中快，2021 財年下半年營業利潤率將從原先預計回升轉為持平，也因此造成財報發布當日股價大跌 5%。

　　跟 2020 年同期相比，原油價格上漲 60%、棕櫚油價格上漲 70%、大豆油價格上漲 80%，原物料價格漲勢確實驚人。為了應對原物料價格上漲，聯合利華預計未來會加快產品漲價速度，2021 年第 1 季調漲 1%、第 2 季調漲 1.6%，下半年預計會調漲更多。

　　上次原料物成本上升如此快，必須追溯到 2008 年及 2011 年，當年聯合利華產品價格調漲 5% 及 7%，而銷量依然維持成長。之後雖然原物料價格崩盤，產品成本下滑，但聯合利華的產品價格依舊，並未隨之調降，這也使得聯合利華的利潤也迅速回升。

　　我認為歷史往往會驚人的相似，如今聯合利華受到原物料成本上揚

侵蝕獲利，但只要未來持續漲價，原物料成本下滑，獲利就會再次回升。雖然沒有能力預測原物料價格，但本次原物料價格上漲原因在於供應鏈受疫情限制影響，並非結構性上漲，只要供需情況好轉，未來仍會出現週期性下跌。

由於疫情導致電商趨勢爆發，2021 財年上半年，聯合利華的電子商務營收成長 50%，並占總營收 11%，而電商通路成本比傳統零售商更低，也有利於降低營運成本。

我覺得聯合利華未來較大的風險在於，它有 6 成營收來自新興市場，而新興市場由於疫苗不足，經濟復甦速度普遍較慢，若聯合利華調漲價格，可能會流失部分客群，促使消費者尋求價格更低的同質性商品，但長期影響應屬有限。

從聯合利華股利政策來看，最近 10 年（2011 年～ 2020 年），聯合利華現金股利發放總金額不斷提升，平均每年成長率達 10.8%。就近期數據來看，聯合利華 2020 年配發 1.658 歐元，較 2019 年的 1.6416 歐元成長約 1%。

由於聯合利華身處民生必需的食品行業，過往營收獲利相當穩定，

而且聯合利華為英國公司,依照現行稅務法令,其配息並不會預扣稅,適合追求長線領息的投資人。

我在 2021 年 7 月 22 日發現聯合利華公布財報後大跌 5%,開始關注這家公司,並決定分批加碼,平均買進價格為 55 美元。不過,聯合利華表現並不佳,更在 2021 年 10 月 6 日跌破 2021 年 2 月 25 日大量低點支撐 53.44 美元(詳見圖 4 紅線),截至 2021 年 12 月 16 日止,仍未能順利往上突破 2 月 25 日大量高點壓力 54.35 美元,以技術面來看,股價必須再震盪整理一陣子。我也因此將部分資金撤回更換為更有把握標的,剩下資金則繼續放著長期領息。若未來發覺聯合利華的競爭力衰退,可能導致配發股利減少,就會賣出全部持股。

案例5》Store Capital:內部人大力加碼

Store Capital(美股代號:STOR)成立於 2011 年,為專注於單一租戶的房地產投資信託基金(即 REITs,詳見補充知識),之後於 2014 年上市。截至 2021 年 12 月,Store Capital 是波克夏(Berkshire Hathaway)所持有的唯一 1 檔 REITs——波克夏於 2017 年第 2 季買進 Store Capital,並在 2020 年第 2 季加碼(詳

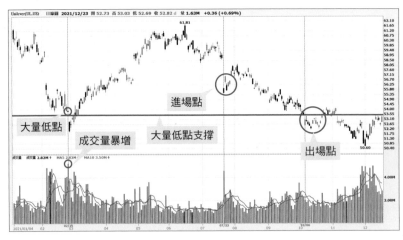

圖4 聯合利華股價2021年10月跌破大量低點支撐
——聯合利華（美股代號：UL）日線圖

大量低點

成交量暴增

進場點

大量低點支撐

出場點

註：統計時間為 2021.01.04 ～ 2021.12.16　　資料來源：XQ 全球贏家

見表 1）。

　　除了股神巴菲特（Warren Buffett）經營的波克夏看好 Store
Capital 外，Store Capital 經營層也在 2020 年多次買進自家股票，
顯見對公司未來前景仍相當看好（詳見表 2）。

　　通常房東都會想找信用狀況良好的企業出租，像是麥當勞

補充知識

REITs可分為3種類型

RETIs的英文全名為Real Estate Investment Trust（s為複數），中文名稱「不動產投資信託」，是一種信託基金，其所得利潤必須至少將90%分配給投資人。因投資標的不同，可分為權益型REITs、抵押型REITs及混合型REITs這3種：

1.權益型REITs
權益型REITs由公司購買許多房地產（例如零售、倉庫、醫院、商辦等）後，把這些房地產出租或等房地產價格漲高後賣出。因此，買權益型REITs就跟買房子出租一樣。但比買房子更棒的是，購買權益型REITs不用準備大額資金，而且它的交易方式就跟股票一樣，買賣很方便，加上投資權益型REITs的資金門檻很低，流動性也比實際買房更高，是一項好用的投資工具。

2.抵押型REITs
抵押型REITs和權益型REITs不同，沒有直接投資房地產，而是透過投資抵押貸款收利息，例如貸款給房地產開發商等，利息收入會受利率變動影響很大。如果債務人違約或利差太低，就會嚴重影響投資人的收入。

3.混合型REITs
混合型REITs則介於權益型與抵押型之間，除了會直接投資房地產之外，也會透過投資抵押貸款收利息。

若將上述3種REITs相比，抵押型REITs的利潤容易受利率變動影響，權益型REITs的租約大多可簽10年以上，未來收入穩定可預期，而且租金還可隨經濟成長而調升，因此我認為，投資權益型REITs的效益會優於抵押型REITs，而混合型則會介於兩者之間。

通常分析一般企業時，大多會看公司淨利或每股盈餘，可是這種分析方式用在REITs時就不管用，因為淨利或每股盈餘依一般會計原則都會扣除折舊攤提費用，但實際上，許多房地產並不會折舊，反而會隨著時間經過愈來愈有價值。因此，衡量REITs獲利表現會使用「營業現金流（Fund From Operation，FFO）」當作指標，把折舊攤提費用加回去，才能代表真正的獲利，其公式為「FFO＝淨利潤＋折舊＋攤提」。

而有些REITs除FFO外，會進一步公布「調整後營業現金流（Adjusted Fund From Operation，AFFO）」。雖然房地產價值大多會隨時間上漲，但也可能因為過於破舊等原因使價值降低，而AFFO會再扣掉資本支出等維護費用，因此更能準確評估獲利表現，其公式為「AFFO＝淨利潤＋折舊＋攤提－資本支出」。

表1 波克夏2020年Q2大幅加碼Store Capital股票
——波克夏持有／操作Store Capital（美股代號：STOR）歷史

時間		波克夏持有STOR股數（股）	STOR持股占投資組合比率（％）	操作	季末價格（美元）
2017年	第2季	18,621,674	0.26	購買	22.45
	第3季	18,621,674	0.26	不變	24.87
	第4季	18,621,674	0.25	不變	26.04
2018年	第1季	18,621,674	0.24	不變	24.82
	第2季	18,621,674	0.26	不變	27.40
	第3季	18,621,674	0.23	不變	27.79
	第4季	18,621,674	0.29	不變	28.31
2019年	第1季	18,621,674	0.31	不變	33.50
	第2季	18,621,674	0.30	不變	33.19
	第3季	18,621,674	0.32	不變	37.41
	第4季	18,621,674	0.29	不變	37.24
2020年	第1季	18,621,674	0.19	不變	18.12
	第2季	**24,415,168**	**0.29**	**加31.11%**	**23.81**
	第3季	24,415,168	0.28	不變	27.43
	第4季	24,415,168	0.31	不變	33.98
2021年	第1季	24,415,168	0.30	不變	33.50
	第2季	24,415,168	0.29	不變	34.51
	第3季	24,415,168	0.27	不變	32.03

資料來源：Dataroma

表2 Store Capital經營層2020年多次買進自家股票
——Store Capital（美股代號：STOR）經營層買進資訊

交易日期	Store Capital 內部人姓名	職稱	操作	買進價（美元）	買進股數（股）
2020.03.02	Donovan Joseph M	董事	購買	33.35	3,000
2020.03.03	Kelley Tawn	董事	購買	33.60	2,000
2020.03.06	Rosivach Andrew	信用長	購買	32.45	10,000
2020.03.06	Kelley Tawn	董事	購買	31.90	1,000
2020.03.10	Fedewa Mary	營運長	購買	28.69	3,479
2020.03.10	Freed Chad Allen	法遵長	購買	29.00	1,000
2020.03.10	Long Catherine F.	財務長	購買	29.95	3,400
2020.03.10	Volk Christopher H	執行長	購買	30.27	3,300
2020.03.11	Freed Chad Allen	法遵長	購買	28.67	1,000
2020.03.11	Long Catherine F.	財務長	購買	28.64	3,485
2020.05.13	Donovan Joseph M	董事	購買	18.24	8,000
2020.05.14	Volk Christopher H	執行長	購買	17.64	5,650
2020.05.14	Hipp William Franklin	董事	購買	17.50	6,000
2020.05.15	Long Catherine F.	財務長	購買	17.06	600
2020.06.10	Kelley Tawn	董事	購買	24.31	800
2020.08.19	Long Catherine F.	財務長	購買	25.23	3,960

資料來源：OpenInsider

（McDonald's，美股代號：MCD）、星巴克（Starbucks，美股代號：SBUX）等這種擁有投資級信用評等的企業。但這種大公司雖然安全，卻很難簽到好租約，給的租金不會太高，而且也無法要求這些企業提

供各分店經營狀況，有時候反而無法掌握營運動態。

但 Store Capital 與上述房東不同，它的經營模式相當特別，是以沒有信用評等的中大型企業為目標，這些企業可能因為覺得信用評等沒必要，故沒去參加評選，或是因為公司營運規模太小而沒有信用評等。Store Capital 會找到這些企業，向其收購持有的房地產，再租回給企業，也就是「售後回租」。

對這些沒有信用評等的企業來說，若想將房地產抵押給銀行取得資金，由於沒有信用評等可參考，能獲得的條件往往很差。而且由於銀行必須考慮若企業違約時的抵押品價值，所以將房地產抵押給銀行所換得的資金，平均只有市價 6 成～ 7 成。

但若將房地產賣給 Store Capital，就可以接近市價交易，換得更多現金，而且只要按時繳租金，就能繼續使用，所以相當有吸引力。

Store Capital 預估全美國有超過 20 萬家企業沒有信用評等，但卻擁有超過 200 萬間房地產，潛在市場超過 3 兆美元。

雖然 Store Capital 投資的這些企業沒有信用評等可參考，但 Store

Capital 卻自己設計一套信用評分機制，篩選財務狀況良好的企業作為租戶，並在簽訂租約時，要求這些租戶定時提供財務報表。若發現租戶的營運狀況不佳時，就會考慮提前賣出房地產或重新招租，以此獲取更高租金回報率。依據 Store Capital 內部信用評分，現在有 72% 租約屬於投資等級。

截至 2021 年 9 月 30 日止，Store Capital 擁有 2,788 個物業，538 個租戶，分散來自 119 個不同產業，出租率高達 99.4%。前 10 大租戶占其租金比重只有 19%，最大租戶 U.S. LBM Holdings 的租金僅占整體租金的 3.1%，租金來源非常分散，可充分分散風險。

雖然 2020 年受到疫情爆發影響，使部分商家遲繳租金，Store Capital 在 2020 年 5 月僅收到 70% 租金。但隨著疫情好轉，Store Capital 每月收租趨勢也有持續改善，2021 年 9 月份收租情況已回到疫情前水準。

由於 Store Capital 目標客戶為沒有信用評等的企業，所以可以要求更高的租金，租金回報率高達 7.4%，遠比同業更高。而且 Store Capital 租約平均到期年限長達 13.5 年，為同業表現最佳，未來 5 年只有不到 4% 租約到期，未來現金流能見度很高。

2021 年 11 月 5 日，Store Capital 公布 2021 財年第 3 季財報：
租金收入 1 億 9,900 萬美元，相比 2020 年同期成長 14%；每股
調整後營業現金流（Adjusted Fund From Operation，AFFO）0.52
美元，相比 2020 年同期成長 13%；每股配息 0.385 美元，相比
2020 年同期成長 6.9%，都超過疫情前水準。

此外，Store Capital 自 2014 年上市以來，每年都調升股息，平
均每年股息成長 6.3%，而且 2021 財年第 3 季每股配息占 AFFO 比
重僅為 74%，顯示 Store Capital 並沒有過度使用現金支付配息，未
來仍有調升配息的空間。

我上次加碼 Store Capital 是在 2020 年 9 月，當時發現波克夏及
Store Capital 內部人都大幅加碼，就開始深入研究，平均買進價格為
26 美元，如今 Store Capital 股價為 33.94 美元（2021 年 12 月
16 日收盤價），上漲幅度達 30.54%（= 33.94 美元 ÷ 26 美元－
1×100%，詳見圖 5）。

我認為 Store Capital 的經營模式相當特別、租戶非常分散，並有
長達 13.5 年租約保護，可享有穩定金流入帳，並預計 2021 年投資
10 億美元～ 12 億美元擴大物業組合，這會帶動未來幾年營運持續成

圖5 持有Store Capital逾1年，股價上漲30%
——Store Capital（美股代號：STOR）日線圖

註：統計時間為 2020.08.24 ～ 2021.12.16　　資料來源：XQ 全球贏家

長，仍樂觀看待未來表現。

案例6》應用材料：半導體長期成長趨勢向上

應用材料（Applied Materials，美股代號：AMAT）為全球最大的半導體設備商，提供從薄膜沉積、蝕刻、拋光、清洗、離子注入等設備，台積電（2330）、三星（Samsung Electronics，美股代號：

SSNLF）、英特爾（Intel，美股代號：INTC）等都是客戶。

　　應用材料業務可分為半導體設備、全球應用服務、顯示器設備及其他等 4 個部門。以 2021 財年來看，營收 230 億 6,300 萬美元，年成長 34%，每股盈餘 6.48 美元，年成長 64%，表現相當強勁。營收占比大小依序為半導體部門，占總營收 70.61%；全球應用服務，占總營收 21.74%；顯示器設備，占總營收 7.08%；其他，占總營收 0.57%。

　　根據國際半導體產業協會（SEMI）研究，隨著全球半導體產能供不應求，台積電、三星、英特爾等半導體大廠都大幅提高資本支出，預估 2021 年資本支出成長 16%，達到 746 億美元，2022 年資本支出成長 12% 達到 836 億美元。由於半導體製程愈來愈複雜，半導體設備愈來愈精密，進入門檻也愈來愈高，這也將使應用材料從此趨勢受惠。

　　應用材料的產品線相當完整，可為客戶提供一站式解決方案，為了取得更穩定收入，應用材料也從過去一次性銷售轉型為訂閱制，2020 年銷售超過 1 萬 4,000 套設備，並簽訂長期訂閱合約，將有助於未來營收更加穩定成長。

全球 EUV 設備龍頭艾司摩爾（ASML Holding N.V.，美股代號：ASML）2021 年 4 月發布財報時，曾提到半導體產業有 3 大趨勢正在發生：

1.2020 年受疫情影響，讓半導體需求猛烈成長，所以現在客戶都在擴產，預計 2021 年及 2022 年半導體設備需求會非常強勁。

2. 全球數位化轉型趨勢仍在加速，5G 及 AI（人工智慧）所需的高效能運算，會繼續帶動先進製程及成熟製程需求。

3. 現在半導體緊缺是國安問題，未來的世界需要更多晶片，各國政府都非常重視半導體產業，並以可自行生產為目標。為了確保供應無虞，會持續蓋廠推升設備需求。

全球最大半導體設備製造商應用材料也在 2021 年 4 月 6 日法說會上提到類似趨勢，AI 數據將推動第 4 世代半導體產業成長，半導體設備公司將長期受惠。預估半導體產業產值將自 2018 年的 4,660 億美元，成長到 2030 年的 1 兆美元（詳見圖 6）。

根據應用材料 2021 年法說會提供的資料可看出，2018 年，機

圖6 半導體產值不斷提升，預估2030年達1兆美元
——半導體產業產值變化

> 1990年，全球個人電腦銷量超過2,500萬台，半導體產值500億美元

> 2002年，第一台黑莓智慧型手機問世，半導體產值1,410億美元

> 2018年，機器產生數據超過人類產生數據，半導體產值4,660億美元

半導體成長可分為4個世代：① 1980年代的大型電腦主機（紫色區塊）；② 1990年代的個人電腦＋網路（綠色區塊）；③ 2000年代的行動裝置（包含平板電腦、智慧型手機，橘色區塊）；④隨科技持續發展，AI、5G、物聯網（IoT）、自駕車等領域都需要更快、更強的運算能力，現在正處於第4世代成長週期，而且成長跑道遠未結束（藍色區塊）

註：1. 統計時間為 1980 年～ 2030 年；2.2021 年之後資料數據為預估值　　資料來源：應用材料法説會

器產生數據首度超越人類產生數據，預估未來 5 年仍會高速成長，平均每年成長 84%。2025 年，數據產生量將是 2021 年數據產生量的 10 倍以上，如此龐大的數據來自於 AI 的大量應用（詳見圖 7）。2025 年，人類產生的數據只有不到 1%，未來絕大多數據都將由 AI

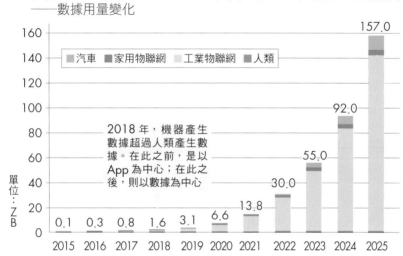

圖7 機器產生數據於2018年首度超過人類產生數據
——數據用量變化

產生。目前 AI 產生的數據有超過 98% 並未處理分析,為了更有效率處理分析大量數據,雲端運算能力勢必需要大幅提高,而這會推升更多半導體需求。

應用材料目標 2024 年營收可達到 267 億美元,平均每年成長 11.6%,並透過轉型訂閱模式及提高營運效率,獲利能力將持續提升,預估 2024 年每股盈餘可達到 8.5 美元,平均每年成長 19.5%。

我最近加碼應用材料是在 2020 年 11 月 13 日，當時股價收盤為 72.81 美元，順利突破 2020 年 2 月 13 日大量高點 69.44 美元壓力（詳見圖 8 紅線），隨後也成功發動漲勢，股價從未再跌破 2 月 13 日大量低點 65.95 美元。

　後來應用材料的股價在 2021 年 2 月 19 日再次出現爆量，並在下一個交易日（2021 年 2 月 22 日）跌破 2 月 19 日的大量低點（118.9 美元），我也就順勢獲利了結。

　若以 2021 年 2 月 22 日收盤價 115.23 美元計算，波段獲利達 58.26%（＝ 115.23 美元 ÷ 72.81 美元－ 1 × 100%，詳見圖 8）。

　未來的世界只會愈來愈數位化，智慧型手機、汽車、資料中心等半導體含量都會持續增加，預估 2021 年至 2025 年，智慧型手機成長 62%、汽車成長 50%、資料中心更將成長 99%。

　我認為半導體成長週期遠未結束，應用材料在 2024 年達成獲利目標的機率很高。在未來獲利持續成長的前提下，如果未來應用材料股價漲多回落，並又重新突破壓力轉強，都是很值得觀察的機會，投資人可多加留意。

圖8 持有應用材料3個多月，波段獲利達58%
—— 應用材料（美股代號：AMAT）日線圖

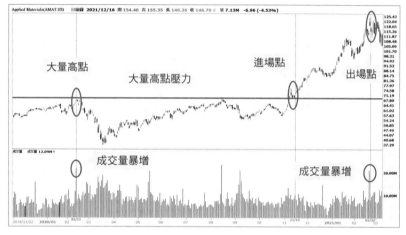

註：統計時間為 2019.11.22 ～ 2021.03.08　　資料來源：XQ 全球贏家

案例7》輝達：繪圖處理器成長性可期

輝達（NVIDIA，美股代號：NVDA）是全球半導體領導廠商，業務可分為數據中心、遊戲、專業可視化及車用部門。

2021 年 11 月 17 日，輝達公布 2022 財年第 3 季財報：營收 71 億美元，相比 2021 年同期成長 50%；每股盈餘 1.17 美元，相

比 2021 年同期成長 60%。預計 2022 財年第 4 季營收 74 億美元，相比 2021 年同期成長 48%。

數據中心營收 29 億 4,000 萬美元，相比 2021 年同期成長 55%；遊戲部門營收 32 億 2,000 萬美元，相比 2021 年同期成長 42%；專業可視化營收 5 億 7,700 萬美元，相比 2021 年同期成長 144%；車用部門營收 1 億 3,500 萬美元，相比 2021 年同期成長 8%。

輝達首款採用 Ampere 架構的 A100 處理器，比上代性能提高 20 倍以上，預計 Google、微軟、亞馬遜、阿里巴巴及騰訊（註 3）等雲端服務商，未來仍將繼續擴大使用，數據中心業務長期成長動能仍相當看好。

而輝達遊戲部門也受惠於疫情，促使更多人在家玩遊戲，繪圖晶片

註 3：Google 母公司為字母公司（Alphabet）美股代號：GOOG（C 股，無投票權）和 GOOGL（A 股，有投票權）、微軟（Microsoft）美股代號：MSFT、亞馬遜（Amazon）美股代號：AMZN、阿里巴巴（Alibaba）美股代號：BABA、騰訊（Tencent）美股代號：TCEHY。

銷售相當強勁。由於玩遊戲容易上癮，因此我認為，即使未來疫情趨緩，玩家不會馬上就不玩遊戲，輝達遊戲部門的成長動能也可能持續。

現在許多遊戲，如《要塞英雄》、《當個創世神》及《機器磚塊》等，都是非常引人入迷的遊戲，讓玩家可以發揮更多創造力，遊戲體驗變得更加豐富。而輝達開發的 RTX 即時光線追蹤技術，可以提供玩家更逼真的遊戲場景，所以吸引愈來愈多遊戲商加入 RTX 技術。

在車用領域上，輝達也宣布與賓士（Benz）簽訂協議，預計 2024 年提供自駕車軟體。未來賓士車款將搭載輝達開發的自駕車軟體，並可為車主即時線上更新，提高行車安全，也將提供車主各種軟體訂閱服務，讓車主更能享受駕駛樂趣，同時也為輝達帶來穩定訂閱收入，未來成長動能值得期待。

輝達在許多領域都有引人注目的成長機會，輝達執行長（CEO）黃仁勳認為，未來幾年將會看到現實世界及虛擬世界加速融合（即元宇宙，註 4），就像電影《一級玩家》呈現的那樣。透過元宇宙模擬真實世界，將可提供人與人相處的逼真體驗，並相信未來元宇宙經濟規模將超過實體世界，而現在全球有超過 400 家企業使用輝達 Omniverse 平台設計元宇宙。

全球最大社群平台臉書（原 FB，2021 年年底更名為 Meta，美股代號：MVRS）最近幾年持續布局 VR（虛擬實境）及 AR（擴增實境）領域，未來用戶就可不受時空背景限制，可隨時與朋友玩遊戲或與同事召開會議，並提供身歷其境的體驗。臉書執行長祖克柏（Mark Zuckerberg）表示，隨著元宇宙精細度不斷提升，繪圖處理器需求大幅升高，輝達的重要性將會大幅提升。

長期而言，我認為，輝達受惠數據中心、繪圖晶片及自駕車業務持續發展，未來獲利可望持續成長，股價也有更高點可期待。

我最近一次加碼輝達是在 2021 年 8 月 20 日，當時股價收盤價為 208.16 美元，順利突破 2021 年 6 月 18 日大量高點 193.75 美元壓力（詳見圖 9 紅線），隨後也成功發動漲勢，從未再跌破 6 月 18 日大量低點 185.84 美元。後來，輝達在 2021 年 11 月 4 日出現新的爆量，出場點可上調為當日股價最低點 271.18 美元下方 5%～10%。

註 4：元宇宙（Metaverse）一詞出自 1992 年的科幻小說《潰雪》，當時是指以個人電腦連線登入，並擁有第一人稱的虛擬化身，所構建而成的虛擬世界。

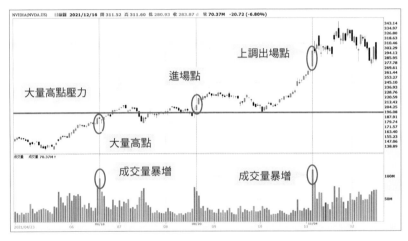

圖9 持有輝達近4個月，股價上漲36%
── 輝達（美股代號：NVDA）日線圖

註：統計時間為 2021.04.23 ～ 2021.12.16　　資料來源：XQ 全球贏家

若未來輝達股價跌破此低點（即 271.18 美元下方 5% ～ 10%），則可出場鎖住獲利；但若未來輝達股價繼續上漲並出現新的爆量，則可將出場點繼續上調，以此類推。

截至 2021 年 12 月 16 日止，輝達尚未跌破該出場點，所以我就繼續抱緊，目前輝達股價為 283.87 美元，累積獲利幅度達 36.37%（＝ 283.87 美元 ÷ 208.16 美元－ 1×100%，詳見圖 9）。

案例8》亞馬遜：廣告成為下一個成長引擎

亞馬遜（Amazon，美股代號：AMZN）是全球最大電子商務網站，2020 年受惠疫情帶動網購熱潮，業績強勁成長，全年股價上漲 76%（詳見圖 10）。

但 2021 年隨疫情趨緩，市場擔心電商趨勢下滑，且民眾將從居家商品消費轉向出外服務消費，故將目光投向其他類股，也使亞馬遜股價從 2021 年年初到 2021 年 12 月 15 日，僅上漲 6.43%，遠遠落後同期標普 500 指數（S&P 500）表現。

2021 年 10 月 28 日，亞馬遜公布 2021 財年第 3 季財報：營收 1,108 億 1,200 萬美元，相比 2020 年同期成長 15.26%；淨利潤 31 億 5,600 萬美元，相比 2020 年同期衰退 50.15%；預計 2021 財年第 4 季營收 1,300 億美元～ 1,400 億美元，相比 2020 年同期成長 4% ～ 12%。

雖然亞馬遜 2021 財年第 3 季營收仍持續成長，但由於疫情限制供應鏈生產，全球普遍缺工及缺料，營運成本因此大幅增加，也使淨利潤大幅衰退，亞馬遜預計 2021 財年第 4 季仍會因此增加數十億美元

圖10 亞馬遜股價在2020年全年上漲76%
—— 亞馬遜（美股代號：AMZN）日線圖

註：統計時間為 2020.01.01 ～ 2020.12.31　　資料來源：XQ 全球贏家

成本，短期內淨利潤仍會受到影響。

亞馬遜業務可分為電商、雲端及廣告 3 大部分，分述如下：

業務①》電商

亞馬遜 2021 財年第 3 季電商銷售金額達 866 億 1,100 萬美元，相比 2020 年同期成長 9.43%，而 2020 年此時成長率為

37.88%，可發現成長速度明顯趨緩。

2020 年為疫情最嚴重之時，所以許多消費者上網採購商品，但 2021 年隨疫苗施打愈來愈普及，成長率也很自然逐漸下滑。

不過，我認為亞馬遜在如此高基期下仍能維持電商業務成長，也顯示需求仍處高檔，還是很不錯的表現。

況且亞馬遜仍在持續擴建物流設施，全力提升物流效率，進一步拉開與競爭對手差距。所有消費者都希望下單後，東西可愈快拿到愈好。現在亞馬遜絕大多數訂單都可自行處理，不需要外包物流業者，這也讓亞馬遜可以進一步降低成本。

根據加拿大企業管理顧問公司 MWPVL 估計，亞馬遜 2020 年產生 73 億 5,000 萬個包裹，其中亞馬遜自行處理 50 億個包裹，比重高達 68%。

隨著亞馬遜自有運力持續提升，MWPVL 預計亞馬遜 2021 年可自行處理 70 億個包裹，甚至還可為其他企業運送包裹，形成物流業者的潛在競爭對手。

業務②》雲端

亞馬遜 2021 財年第 3 季雲端 AWS（亞馬遜網路服務）營收達 161 億 1,000 萬美元，相比 2020 年同期成長 38.87%；年度經常性收入達到 540 億美元，也相比 2020 年同期提升 32%。

以營業額來看，亞馬遜 AWS 仍穩居產業龍頭，市占率達 32%，領先微軟 Azure 的 19% 及 Google Cloud 的 7%。但隨著亞馬遜 AWS 營收規模愈來愈大，成長速度有落後競爭對手的現象出現，市占率將會持續下滑，這在未來要持續關注。

業務③》廣告

我覺得廣告業務是亞馬遜最值得期待的一項收入。亞馬遜 2021 財年第 3 季其他部門營收為 80 億 9,100 萬美元，此部門幾乎所有營收都來自廣告，相比 2020 年同期成長高達 49.89%，成長動能依然非常強勁。隨著亞馬遜廣告點擊率持續提升，也吸引愈來愈多廣告商投放更多預算。

根據市場研究機構 eMarketer 估計，2021 年亞馬遜數位廣告市占率達 10.3%，僅僅落後 Google 的 28.9% 及臉書的 25.2%，穩居第 3 名，而且成長速度非常快，未來市占率將可持續提升。

亞馬遜廣告的優勢是擁有極為精準的消費行為資料，而且距離下單成交只有幾步距離，畢竟會上亞馬遜網站的人就是想買東西的人，只要可以鎖定客群，投放廣告，就可以加快成交效率。

　　2021 年，亞馬遜擁有超過 2 億 Prime 會員，年費為 119 美元，提供當日到貨免運、會員專屬折扣、Amazon Prime Video、Prime Music 等服務。

　　亞馬遜表示，其中有 1 億 7,500 位 Prime 會員觀看 Amazon Prime Video，參與度相當高，而且透過此服務也吸引更多新會員，未來會繼續拓展內容。

　　例如亞馬遜就在 2021 年 5 月 27 日宣布，將以 84 億 5,000 萬美元收購 007 系列電影製作公司米高梅（Metro-Goldwyn-Mayer Studios，美股代號：MGM），並取得其他知名影集如《洛基》、《機器戰警》及《粉紅豹》等版權，藉此強化串流影音競爭力。

　　從提供的服務內容來看，我覺得亞馬遜 Prime 年費可說是物超所值。但 2018 年亞馬遜宣布 Prime 年費自 99 美元調漲至 119 美元後，就沒有再漲價了，這也代表亞馬遜 Prime 未來還有漲價空間。未來若

亞馬遜正式宣布 Prime 要漲價,將可增添成長動能。

　　近期亞馬遜最大的變革,就是創辦人傑夫·貝佐斯(Jeff Bezos)在 2021 年 7 月離任執行長,由安迪·賈西(Andy Jassy)接任,但靠著傑夫·貝佐斯為亞馬遜建立的護城河,未來幾年影響相對有限;而長線則要看安迪·賈西能為亞馬遜帶來多少創新,帶領亞馬遜繼續成長。

　　我認為投資亞馬遜最大風險就是反壟斷風險,這也是許多科技巨頭,像是蘋果、臉書及 Google 等面臨的難題。如果這些企業最終確實被拆分為不同公司,競爭力當然就會減弱。

　　另外,這些科技巨頭因為壟斷緣故,所以也賺了大把鈔票,2021年 6 月,在英國倫敦舉行的七國集團(G7)會談就達成加稅協議。未來這些跨國公司不僅需要向總部所在地納稅,也要向實際經營地納稅,這也會提高未來經營成本。

　　但不論拆分或加稅,距離形成具體政策施行還有很長時間,也必須面臨繁雜的法律程序。投資人只要隨時關注最新情勢變化,注意股價波動風險即可。

我認為未來幾年，亞馬遜仍將受益於電商普及率提升，雲端及廣告也將持續帶來成長動能，Prime 年費也有調漲空間，長期成長性依然看好。

　　我上次加碼亞馬遜是在 2020 年 4 月。當時我發現亞馬遜股價在 4 月 13 日順利突破同年 1 月 31 日大量高點 2,055.72 美元壓力（詳見圖 11 紅線），所以決定於下一個交易日（4 月 14 日）進場加碼，當天收盤價為 2,283.32 美元。

　　隨後亞馬遜成功發動漲勢，從未再往下跌破 1 月 31 日大量低點 2,002.27 美元，並沿著月線（20 日均線）強勁上漲。直到在 9 月 4 日出現新的爆量，出場點可上調為當日股價最低點 3,111.13 美元下方 5% ～ 10%。

　　後來亞馬遜股價在 9 月 14 日跌破 9 月 4 日的大量低點 3,111.13 美元，也跌破月線及季線（50 日均線）支撐，我決定在隔日（9 月 15 日）獲利了結。

　　以 2020 年 9 月 15 日收盤價 3,156.13 美元計算，持有亞馬遜的波段獲利幅度達 38.23%（＝ 3,156.13 美元 ÷ 2,283.32 美元－

圖11 持有亞馬遜約5個月，波段獲利達38%
── 亞馬遜（美股代號：AMZN）日線圖

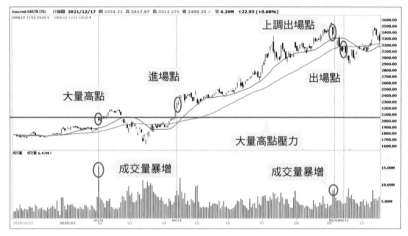

註：1. 統計時間為 2019.11.01 ～ 2020.10.16；2. 桃紅線為月線（SMA20）、橘線為季線（SAM50）
資料來源：XQ 全球贏家

1×100%，詳見圖 11）。

隨後亞馬遜就展開長達 1 年多的盤整，截至 2021 年 12 月 15 日止，亞馬遜仍尚未突破區間整理。中間雖有幾次股價往上突破區間，但不久又回檔下跌，未能接續發動漲勢（詳見圖 12）。

我自己也因此來回進出了幾次並小虧出場，沒有實現如同 2020 年

般的波段獲利。

但我認為,雖然亞馬遜短期內受到電商業務成長率趨緩,以及供應鏈成本上升等利空衝擊,但我依然相當看好亞馬遜長期發展。

若未來亞馬遜股價能再度往上突破區間轉強,股價接續發動漲勢的機率依然較高,到時我還是會樂於進場布局。

案例9》Shopify:專注為商家建立電商平台

受 2020 年疫情影響,現在除了實體零售外,也有很多商家深刻認識電子商務的重要性,如果固守實體店面,會失去很多接觸客戶的機會,這樣就很難做生意,所以有愈來愈多商家想經營電子商務平台。

說到電子商務平台,最先想到的就是亞馬遜,店家可以在亞馬遜上架自身產品,透過亞馬遜平台買賣,而亞馬遜再從中收取手續費。上架亞馬遜的好處是可以快速建立店家知名度,這裡有全球最多的消費者,讓全世界認識你的產品。

但如果店家產品愈來愈成功,知名度愈來愈旺,成交金額愈來愈高,

圖12 亞馬遜股價區間整理長達1年
——亞馬遜（美股代號：AMZN）日線圖

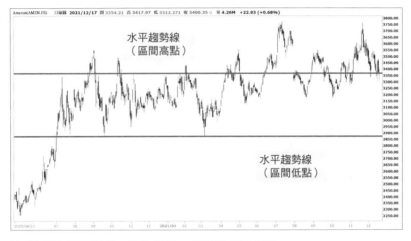

註：統計時間為 2020.04.23 ～ 2021.12.17　　資料來源：XQ 全球贏家

被亞馬遜抽的手續費愈來愈多，店家就會漸漸想開始擺脫亞馬遜，如果可以自己成立平台，就不用再被亞馬遜抽手續費。

　　更重要的是，店家自己成立平台，才能自主掌握用戶數據，領先競爭對手推出符合用戶喜好產品，更不會被亞馬遜發現原來這產品生意不錯，推出自有品牌加入競爭。而 Shopify（美股代號：SHOP）就是為商家解決這樣的需求，它可以幫助商家快速成立自己的電商平

台，並提供後台管理及金流支付等服務。

Shopify 自 2015 年上市以來，股價狂漲 52.27 倍（＝ 2021 年 12 月 15 日收盤價 1,368.08 美元 ÷2015 年 5 月 21 日收盤價 25.68 美元－ 1×100%），為超過 100 萬家企業，創造超過 600 億美元營收（詳見圖 13）。

Shopify 可為商家提供全方位服務，會預先設定各種方案提供商家選擇，白話說就是懶人包，只要網路上按一按，就可以依照店家需求成立電商平台，是更為輕鬆簡單的選擇。相比亞馬遜自行經營電商平台，Shopify 專注於幫助企業建立電商平台，從網站設計、庫存管理、金流服務到分析客戶數據等，都一手包辦。

當企業將產品上架亞馬遜時，雖然可以立即接觸成千上萬消費者，但這些消費者大多是為亞馬遜而來，並非為企業而來，所以競爭非常激烈。消費者很可能會挑選競爭對手甚至亞馬遜自家品牌產品，所以當有企業在亞馬遜開始做大時，就容易萌生成立自家平台的想法。

2021 年 10 月 28 日，Shopify 公布 2021 財年第 3 季財報：營收 11 億 2,370 萬美元，相比 2020 年同期成長 46%。其中，訂閱

圖13 Shopify上市6年多，股價狂漲52倍
—— Shopify（美股代號：SHOP）日線圖

註：統計時間為 2015.05.22 ～ 2021.12.15　　資料來源：XQ 全球贏家

業務 3 億 3,620 萬美元，相比 2020 年同期成長 37%；商家業務 7 億 8,750 萬美元，相比 2020 年同期成長 51%。

　　Shopify 業務可分為「訂閱」及「商家」2 部分，分述如下：

業務①》訂閱

　　訂閱業務為 Shopify 提供的各種附加服務，例如網站設計、庫存管

理及數據分析等。目前 Shopify 訂閱方案主要分為 3 種，月費依序為 29 美元、79 美元及 299 美元，可滿足不同企業需求。Shopify 另針對大型客戶提供 Shopify Plus 方案，每月至少 2,000 美元，可提供更多客製化需求。

截至 2021 年 9 月 30 日止，Shopify 每月訂閱收入 9,880 萬美元，比 2020 年成長 33%，其中 Shopify Plus 貢獻 2,720 萬美元，占比 28%，比 2020 年 25% 更加提升，代表 Shopify 對大型客戶依賴度正在提升。

現在 Shopify 客戶仍以中小型企業（員工數多在 500 人以下）為主，目前平台上有超過 100 萬個店家，其中僅 5,000 多家 Shopify Plus 客戶，多數商家每月費用低於 50 美元。

由於中小型企業規模較小，容易受到景氣衰退影響，較難長期經營，續訂率也因此較低，但 Shopify Plus 續訂率超過 9 成，未來將會強化平台功能，盼能吸引更多大型企業加入。

業務②》商家

商家業務收入來源則以 Shopify Payments 為主，其為 Shopify 提供

的支付服務。當店家賣出產品取得款項，並選擇以 Shopify Payments 為支付服務時，Shopify 即可從中收取手續費。

截至 2021 年 9 月 30 日止，Shopify 店家以 Shopify Payments 處理金流比率為 49%，2020 年同期為 45%，若店家選擇其他支付服務商，如 PayPal、Square 等，則會額外收取手續費，所以店家大多以 Shopify Payments 為優先選擇。

Shopify 是全球領先的電商開店平台，而商家一旦決定開店平台後通常不會輕易更換，畢竟熟悉新系統需要時間，轉換至其他平台後，也不能保證所有重要數據都能無痛轉移。

隨商家規模持續成長，相關功能也會隨用戶需求日趨完善，我認為有機會進一步擴大領先優勢，推動未來營收成長。

根據 eMarketer 研究，截至 2020 年 10 月止，Shopify 2020 年電商平台銷售額占比為 8.6%，比沃爾瑪（Walmart，美股代號：WMT）、eBay（美股代號：EBAY）及蘋果（美股代號：AAPL）都高，但仍遠低於亞馬遜（美股代號：AMZN）的 39%，未來仍有很大成長空間（詳見圖 14）。

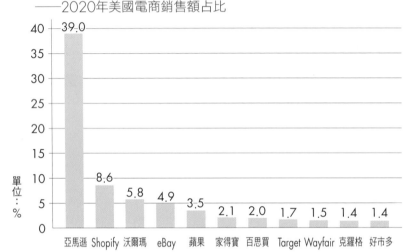

圖14 Shopify 2020年電商平台銷售額占比為8.6%

——2020年美國電商銷售額占比

單位：%

亞馬遜 39.0
Shopify 8.6
沃爾瑪 5.8
eBay 4.9
蘋果 3.5
家得寶 2.1
百思買 2.0
Target 1.7
Wayfair 1.5
克羅格 1.4
好市多 1.4

註：資料時間為 2020 年 10 月　　資料來源：eMarketer

　　我上次加碼 Shopify 是在 2020 年 5 月，當時我發現 Shopify 在 5 月 5 日順利突破同年 4 月 21 日大量高點 665.74 美元壓力（詳見圖 15 左方紅線），所以決定在下一個交易日（5 月 6 日）進場加碼，當天收盤價為 733.53 美元。隨後 Shopify 成功發動漲勢，股價從未再往下跌破 4 月 21 日大量低點 556.01 美元，並沿著月線強勁上漲。

　　5 月 26 日，Shopify 出現新的爆量，出場點可上調為當日股價最低

圖15 持有Shopify 4個月，波段獲利達25%
──Shopify（美股代號：SHOP）日線圖

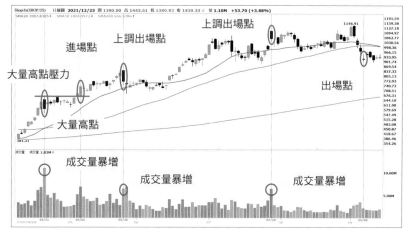

註：1. 統計時間為 2020.04.08 ～ 2020.09.15；2. 桃紅線為月線（SMA20）、橘線為季線（SMA50）、藍線為年線（SMA200）　　資料來源：XQ 全球贏家

點 742.37 美元下方 5% ～ 10%。後來隔日（5 月 27 日）Shopify
股價在盤中即跌破 5 月 26 日大量低點 742.37 美元，不過仍尚未往
下跌破超過 5% ～ 10%，而且我考量當時股價就在月線附近可能出現
反彈，所以我決定等等看。還好，Shopify 5 月 27 日收盤價已站回
月線上方，我就繼續持有。

7 月 29 日，Shopify 又出現新的爆量，出場點可再上調為當日股價

最低點 1,038 美元下方 5%～10%。隨後 Shopify 在 8 月 10 日跌破 7 月 29 日大量低點 1,038 美元，但仍在季線之上，所以我決定再等一下。結果在 9 月 4 日，Shopify 股價跌破月線及季線支撐，我決定在下一個交易日（9 月 8 日）獲利了結。以 2020 年 9 月 8 日收盤價 917.4 美元計算，持有 Shopify 的波段獲利幅度達 25.07%（＝917.4 美元 ÷733.53 美元－ 1×100%，詳見圖 15）。

後來 Shopify 股價回檔至年線（200 日均線）附近，隨即止跌反彈。截至 2021 年 12 月 15 日止，Shopify 股價又再度回檔至年線附近。由於我認為未來 Shopify 仍有許多成長機會，在未來獲利持續成長的前提下，如果 Shopify 股價漲多回落，並站穩年線支撐，都是值得留意的布局機會。

案例10》CrowdStrike：雲端防毒平台吸睛

CrowdStrike（美股代號：CRWD）是透過雲端平台提供端點防護服務的公司，端點就是指可以連結網路的任何裝置，例如手機、電腦及平板等都可視為端點。CrowdStrike 推出的 Falcon 雲端平台，包含防毒、威脅檢測、防火牆管理及資料外洩防護等功能，可以保護客戶端的設備連結到網路時的資料安全（詳見補充知識）。

補充知識

雲端運算產業關鍵營運指標

雲端運算就是企業透過網頁或應用程式存取雲端服務，將資訊化相關工作交由雲端運算公司，藉此提高經營效率，並節省自行建置成本，而雲端運算公司則收取服務費用。

目前大多雲端運算公司採取訂閱制收費，對企業來說可以減少一次性買斷費用，只要持續訂閱即可享受後續服務。對雲端服務業者來說，持續性的訂閱收入，也帶來可靠的現金流，並可用於持續優化服務。根據高德納諮詢公司（Gartner，美股代號：IT）統計，預期2021年雲端服務營收可達1,160億美元，2022年達到1,330億美元，2023年達到1,510億美元，平均每年成長14%，屬於高速成長產業。

衡量雲端服務公司，有5項關鍵營運指標：

指標1》年度經常性收入

年度經常性收入（Annual Recurring Revenue，ARR）意指換算為1年的訂閱收入，如果1個月訂閱收入100萬美元，年度經常性收入即為1,200萬美元。

指標2》客戶獲取成本

客戶獲取成本（Customer Acquisition Cost，CAC）意指平均獲得1個新客戶要花費多少成本，為了持續獲得新客戶，通常必須持續投入廣告行銷，才能讓更多客戶認識。

指標3》客戶終身價值

客戶終身價值（Customer Lifetime Value，CLTV）意指客戶願意為該服務付出多少金額，如果1個月訂閱金額100萬美元，每位客戶平均願意支付12個月，客戶終身價值即為1,200萬美元。客戶願意訂閱的時間愈久，客戶終身價值愈高。

客戶終身價值必須與客戶獲取成本做比較，如果獲得新客戶成本很高，但卻沒多久就取消訂閱，那營收成長再快，訂閱模式也很難持續。

指標4》客戶流失率

客戶流失率（Churn Rate）意指客戶取消訂閱的比率，如果客戶流失率很高，代表無法留住客戶。

指標5》淨收入留存率

淨收入留存率（Dollar-based Expansion Rate）代表原有客戶的花費相比往年成長的幅度。

為了提高企業經營效率，現在的工作愈來愈數位化，有愈來愈多工作交由雲端伺服器運行，資料安全的重要性日益提高，而疫情更加速此趨勢。隨著愈來愈多人在家工作，當人們在家使用筆電或手機上網時，有愈來愈多資料都必須受到保護，以免遭駭客入侵竊取資料。

　根據 CrowdStrike 自身研究，平均每天會出現高達 23 萬種新型惡意軟體，每天有 400 家企業遭受網路攻擊。2020 年，有 61% 中小型企業面臨網路攻擊，但卻有高達 62% 企業從未做好面對網路攻擊的準備。

　相比傳統防毒軟體，雲端防毒平台將防毒工作從個人電腦轉移到雲端伺服器，使用雲端防毒後，個人電腦就無須安裝龐大防毒軟體，可因此大幅提高運作效率。

　然而傳統防毒軟體下載安裝到個人電腦後，仍需定期更新病毒碼，才能發揮防毒功能，但更新病毒碼很花時間，許多使用者都懶得更新。

　但病毒攻擊手法日新月異，若使用者沒有主動更新，那防毒軟體就難以發揮作用。而雲端防毒平台所有更新作業都可即時執行，並從遠端即時攔截惡意軟體和病毒，確保使用者資料安全。

此外，傳統防毒軟體都是等病毒出現後，工程師再來想辦法解決，這中間需要無數寶貴時間，但等到解決方案出來，關鍵資料早就洩漏，使用者損失已經造成了。

而雲端平台透過監控終端設備的方式，可即時分析各種病毒及惡意攻擊，當平台發現有新型態的病毒攻擊某個端點時，就會分析行為模式，確保平台其他端點，不再遭受類似攻擊，將損失降到最低。

CrowdStrike 自詡為新領域的創新者，認為雲端防毒平台未來將可取代傳統防毒軟體，實現如同當年賽富時（Salrsforce，美股代號：CRM）、Servicenow（美股代號：NOW）及 Workday（美股代號：WDAY）的成長故事。

2021 年 12 月 1 日，CrowdStrike 公布 2022 財年第 3 季財報：營收 3 億 8,010 萬美元，相比 2021 年同期成長 63%。其中，訂閱收入 3 億 5,700 萬美元，相比 2021 年同期成長 67%；自由現金流 1 億 2,350 萬美元，相比 2021 年同期成長 62.29%。

與此同時，CrowdStrike 增加 1,607 位訂閱客戶，共有 1 萬 4,687 位訂閱客戶，相比 2021 年同期成長 75%，客戶續訂率 98%；年度

經常性收入 15 億 1,000 萬美元，相比 2021 年同期成長 46%。

CrowdStrike 的淨收入留存率為 124.8%，代表去年舊客戶花 100 美元，今年願意花 124.8 美元，顯示客戶非常滿意 CrowdStrike 的服務，願意付出更多錢。訂閱 4 種以上方案的客戶占比超過 68%，2021 年只有 52%，也代表客戶依賴 CrowdStrike 的程度愈來愈高。

截至 2021 年 7 月 31 日止，全球 100 大企業中，有 63 家為 CrowdStrike 客戶；全球前 20 大銀行中，高達 14 家選擇使用 CrowdStrike 開發的 Falcon 雲端資安防護平台，顯示 CrowdStrike 在業界相當具有競爭力。

統計至 2021 年 12 月止，CrowdStrike 透過大數據方式，每日即時分析超過 500 億筆惡意攻擊，而愈多的病毒資料分析，會促使平台推出更好的防毒解決方案，也更能即時阻止新型態攻擊發生。如果沒有足夠多的病毒資料分析，就不能建構擁有優異防毒功能的平台，因此雲端防毒平台具有明顯的網絡效應，很容易大者恆大。

根據 Gartner 研究，2019 年，資訊安全市場規模為 71 億美元，預計 2023 年可成長到 134 億美元，平均每年成長 17%。而雲端防

毒平台正在迅速取代傳統防毒軟體，成長速度會比整體市場更快，預估到 2025 年時，雲端防毒平台將占據資安市場 95%。但 2020 年雲端防毒平台只占據資安市場 20%，顯示未來還有很大成長空間。

由於市場成長空間大，競爭對手也相當多，微軟、趨勢科技（Trend Micro）、諾頓 LifeLock（NortonLifeLock）等知名軟體公司，都在積極跨入雲端防毒市場。但根據 Gartner 評鑑，CrowdStrike 被認為是最具遠見與執行力的領導者，在眾多競爭對手脫穎而出，未來很值得追蹤。

我上次加碼 CrowdStrike 是在 2020 年 12 月，當時我發現 CrowdStrike 在 2020 年 12 月 3 日順利突破同年 9 月 2 日大量高點 153.1 美元壓力（詳見圖 16 紅線），所以決定在下一個交易日（12 月 4 日）進場加碼，收盤價為 167.26 美元。

隨後 CrowdStrike 成功發動漲勢，股價從未再往下跌破 9 月 2 日大量低點 130.98 美元，並沿著月線強勁上漲。中間有幾次股價跌破月線整理時，也都能守住年線上方。

之後直到 2021 年 11 月 23 日，CrowdStrike 股價跌破年線支

撐，我決定獲利了結，當天收盤價 230.58 美元，波段獲利幅度達 37.86%（= 230.58 美元 ÷167.26 美元 - 1×100%，詳見圖 16）。

雖然後來 CrowdStrike 的股價未再回到年線之上（截至 2021 年 12 月 15 日止），但我認為，CrowdStrike 未來營運發展空間仍很大，若之後股價能再度突破年線壓力轉強，依然是值得留意的布局機會。

案例11》Snap：青少年最愛的社群網站

2021 年 4 月，蘋果變更隱私政策，未來蘋果用戶更新 iOS 14 後，將會詢問用戶是否同意 App 追蹤裝置的廣告識別碼（Identifier for Advertising，IDFA）。可以預期，屆時會有許多用戶拒絕追蹤，這將影響廣告投放成效，並減少廣告收入。

然而企業還是要做生意，既然廣告投不準，那乾脆就在社群網站做，未來可能會促使更多企業在社群平台內完成交易，而不是投放廣告導流至外部網站，如此社群商務將更為蓬勃發展。

臉書為全球最大社群網站，全球用戶超過 25 億人，未來若拓展電

圖16 持有CrowdStrike近1年，獲利達37%
——CrowdStrike（美股代號：CRWD）日線圖

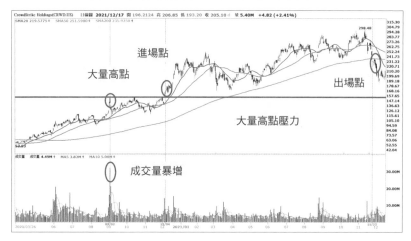

註：1. 統計時間為 2020.03.26 ～ 2021.12.15；2. 桃紅線為月線（SMA20）、橘線為季線（SMA50）、
藍線為年線（SMA200）　　資料來源：XQ 全球贏家

商功能，成長潛力仍可期，而 Snap（色布拉，美股代號：SNAP）則
為美國年輕世代最流行的社群網站，也有屬於自己的利基市場。

　　Snap 成立於 2011 年，為全球知名社群軟體，可以拍照、錄影
或撰寫文字訊息，並傳送給好友。這些動態訊息被稱為「快照」
（Snaps），並可自由決定訊息留存時間，時間到了就會自動消失，
不會被任何人看見。

絕大多數人都會在意別人眼光，發文前容易產生焦慮感，會希望可以得到很多讚或留言，所以會挑選容易吸引大家目光的題材分享，但未必是自己真正想分享的內容。而「快照」就沒這煩惱，反正時間到了就消失，也不用在乎按讚數或留言數，可以更輕鬆自在發文，分享更多生活瑣事，獲得許多用戶好評。

但也因為 Snap 的「快照」功能實在太紅，使得同業陸續跟進，像是 Instagram 及臉書分別在 2016 年及 2017 年推出「限時動態」功能，而且還大獲成功。此舉導致 Snap 用戶在 2018 年首次出現下滑，直到 2019 年才恢復成長，也讓股價低迷好一陣子。

近年 Snap 專注發展 AR（擴增實境）濾鏡，提供用戶各種新鮮有趣的特效，讓自拍更有樂趣，並可透過 AR 技術實現試穿衣服或鞋子，導引用戶下單購買。例如 Gucci 就與 Snap 合作開發 AR 濾鏡，用戶可在 Snap 上挑選 Gucci 鞋子，然後只要拿手機拍自己的腳，就可知道試穿效果。如果用戶喜歡的話，按下「立即購買」按鈕就可下單。

另外，Snap 也推出 Snap Map 功能，可以跟朋友分享自己所在位置，並可在地圖自由探索及點擊，查看周遭好友動態，若想保持低調的話，也可開啟「幽靈模式」潛水。這個功能還可以跟商家結合，商

家可以在地圖發布動態，吸引用戶前往探索。截至 2021 年 10 月止，Snap 合作的企業超過 3,000 萬家，活躍用戶超過 2 億 5,000 萬人。

此外，Snap 還推出 Snap Games：擁有超過 1 億活躍用戶，可在聊天過程中一起玩遊戲，所有遊戲都是免費的，但遊玩過程會跳出廣告，從中賺取廣告收入；Snap Spotlight：可讓用戶製作短影音，並搭配獎金制度，鼓勵用戶多加發布原創影音，呈現上很類似「抖音」。自該功能上線以來，Snap 提供超過 1 億 1,000 萬美元獎金，現在每月活躍用戶超過 1 億人，每日上傳影片量超過 17 萬 5,000 支。

2021 年 10 月 21 日，Snap 公布 2021 財年第 3 季財報：營收 10 億 6,700 萬美元，相比 2020 年同期成長 57%；每日活躍用戶 3 億 600 萬人，相比 2020 年同期成長 23%。進一步觀察可知，Snap 各地區每日活躍用戶均保持成長，北美每日活躍用戶 9,600 萬人，相比 2020 年同期成長 6.67%；歐洲每日活躍用戶 8,000 萬人，相比 2020 年同期成長 11.11%；其他地區每日活躍用戶 1 億 3,000 萬人，相比 2020 年同期成長 49.42%。

Snap 預計，2021 財年第 4 季營收 11 億 6,500 萬美元～ 12 億 500 萬美元，相比 2020 年同期成長 27.84% ～ 32.22%。但相比

2021 財年第 3 季,可發覺成長速度明顯趨緩。

　　2020 年受疫情影響,用戶使用 Snap 的時間大幅增加,但 2021 年隨疫苗施打愈來愈普及,人們將焦點重新轉向戶外,使用 Snap 的時間也隨之減少。不過,我認為跟同業比起來,Snap 仍有許多成長機會。

　　截至 2021 年第 2 季止,Snap 約有 7 成營收來自北美市場,擁有 9,500 萬用戶,每用戶平均營收 26 美元,為 Snap 最重要市場。而臉書在北美擁有 1 億 9,500 萬用戶,每用戶平均營收 256 美元,Snap 用戶數雖然有臉書一半,但每用戶平均營收大約只有臉書 1/10。

　　若比較北美用戶人數只有 3,700 萬的推特(Twitter,美股代號:TWTR),每用戶平均營收也高達 66 美元,這也代表 Snap 每用戶平均營收仍有許多提升空間,未來營收成長動能仍大(詳見圖 17)。

　　以用戶規模來說,由於臉書穩居龍頭,我認為企業還是會優先選擇臉書投放廣告,但 Snap 用戶集中在年輕世代,這也會是潛在優勢。截至 2021 年 9 月 30 日止,美國 13 歲～ 34 歲用戶有 75% 使用

圖17 Snap未來中短期成長動能取決於北美市場發展
——Snap每日活躍用戶和每位用戶平均營收

註：1.Snap 的資料包括美國、加拿大、墨西哥、加勒比地區和中美洲，臉書的資料僅包括美國和加拿大，推特的資料僅包括美國；2. 每日活躍用戶是取 2021 年第 2 季的資料；3. 每位用戶平均營收是取 2020 年第 3 季到 2021 年第 2 季的資料；4. 綠色為重疊部分　資料來源：Snap 法說會

Snap，24 歲以下更高達 9 成。若是以年輕受眾為目標的品牌，就會更青睞以 Snap 投放廣告。

　　根據 Piper Jaffray 研究，美國青少年採買服裝、時尚配飾及鞋子的消費總額超過 3 成，比遊戲、音樂及食物等比重都還高，這可與 Snap 積極投資的 VR 及 AR 技術結合，為用戶進行虛擬試穿，獲得最佳試穿體驗，並為品牌商達到最佳導購效果。

不過，臉書及 Instagram 當然也能複製類似功能，這也是投資 Snap 最大風險。但我認為從目前趨勢來看，Snap 在年輕人心目中的確占有主導地位，未來很值得長期追蹤。

我最近一次加碼 Snap 是在 2021 年 11 月 19 日，當時收盤價為 51.32 美元，我認為相當接近區間低點支撐（詳見圖 18 下方紅線），可能有機會止跌，所以進場加碼。不過，沒多久 Snap 股價就跌破區間低點，所以我也就停損出場。

雖然我看好 Snap 長期營運發展，但 Snap 作為高成長股，股價波動往往更高。事實上，Snap 股價自 2021 年 9 月 24 日創下歷史新高的 83.34 美元以後，一路跌到 2021 年 12 月 15 日的最低價 44.08 美元，跌幅高達 47.11%（詳見圖 18）。我認為搭配技術分析是更能控制波動風險的方式，未來若 Snap 股價再度往上突破區間低點，我還是會找機會進場布局。

案例12》PayPal：受惠無接觸式支付潮流

PayPal（美股代號：PYPL）是全球知名電子支付業者，消費者或商家都可以註冊 PayPal 帳號，並連接銀行帳戶，就能提供收款、提現、

圖18 Snap股價波動劇烈，2021年年底跌幅高達47%
──Snap（美股代號：SNAP）日線圖

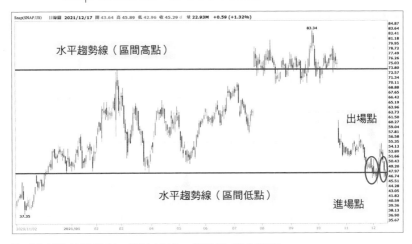

註：統計時間為 2020.11.02 ～ 2021.12.15　　資料來源：XQ 全球贏家

轉帳或換匯等服務。

　　除了綁定銀行帳戶外，也可以綁定如 Visa（美股代號：V）、MasterCard（美股代號：MA）等信用卡帳戶，以信用卡付款，跟直接用信用卡付款的差異在於可以不用填寫卡號就能付款，也多一層安全保障。若沒有銀行或信用卡帳戶，也可以將現金儲值在 PayPal 帳戶中。

PayPal 將營收分為「交易收入」及「其他增值服務收入」2 類。其中，交易收入為處理金流時收取的手續費，以總交易金額計算抽成，2020 年貢獻總營收超過 9 成；其他增值服務收入為放貸服務收取的利息收入，以及其他服務使用費。

　　由於愈來愈多商家將資金存放在 PayPal 帳戶，所以 PayPal 也有經營類似銀行的生意，將資金放款給商家，並從中收取利息。

　　2020 年因疫情促使消費者上網採購更多東西，並更加青睞非接觸式的移動支付，也使 PayPal 股價表現相當強勢，全年上漲 116.51%；但隨著 2021 年疫苗施打愈來愈普及，消費者減少上網採購支出，也使 PayPal 成長逐漸趨緩。

　　2021 年 11 月 8 日，PayPal 公布 2021 財年第 3 季財報：營收 61 億 8,000 萬美元，相比 2020 年同期成長 13%，每股盈餘 1.11 美元，相比 2020 年同期只有成長 4%。

　　而且 PayPal 表示，由於疫情限制供應鏈生產，導致產品缺貨嚴重，並且隨疫苗日趨普及，未來會有更多消費者重返實體店面購物。預計第 4 季成長率會更低，並下修 2021 財年營收展望，也導致財報發布

隔天股價大跌 10%。

不過，2021 財年第 3 季，PayPal 活躍帳戶達到 4 億 1,600 萬個，相比 2020 年同期成長 15%；新增 1,330 萬個活躍帳戶，比上季增加 1,140 萬個成長更快。這也代表雖然疫情逐漸趨緩，但 PayPal 仍持續吸引用戶，有助推動未來營運持續成長。

我上次加碼 PayPal 是在 2020 年 11 月，當時我發現 PayPal 在 2020 年 11 月 4 日順利突破 2020 年 11 月 3 日大量高點 188.75 美元壓力（詳見圖 19 紅線），所以決定在下一個交易日（11 月 5 日）進場加碼，收盤價為 204.56 美元。

隨後 PayPal 成功發動漲勢，股價從未再往下跌破 2020 年 11 月 3 日大量低點 174.81 美元，並沿著月線強勁上漲。中間有幾次股價跌破月線整理時，也都能守住年線上方。之後直到 2021 年 9 月 29 日，PayPal 跌破年線支撐，我決定獲利了結。

以 2021 年 9 月 29 日收盤價 259 美元計算，波段獲利幅度達 26.61%（＝ 259 美元 ÷ 204.56 美元 － 1×100%，詳見圖 19）。

截至 2021 年 12 月 15 日止,雖然 PayPal 股價跌破年線支撐後仍持續大跌,尚未突破年線壓力轉強,現階段股價表現不佳,但我認為,電子商務及行動支付依然是長期趨勢,縱使 PayPal 2022 年初仍會受到 2021 年的高基期影響,導致成長率偏低,但 2022 年第 1 季可能就是低點,然後會逐季加速。

若未來 PayPal 股價能再度突破年線壓力轉強,我認為依然是很好的觀察機會。

案例13》Square:Cash App成長潛力大

除了 PayPal 之外,Square(2021 年 12 月 10 日起更名為 Block,但美股代號仍為 SQ)也是全球知名的電子支付業者,自 2015 年 11 月上市以來,股價上漲超過 12.3 倍(= 2021 年 12 月 15 日收盤價 173.8 美元 ÷2015 年 11 月 19 日收盤價 13.07 美元- 1×100%,詳見圖 20),是表現最優異的移動支付公司。

Square 透過「Cash App」提供與 PayPal 類似的服務,不但可以連接銀行帳戶,還能提供收款、提現、轉帳等服務,也可以綁定如 Visa、MasterCard 等信用卡帳戶,並且同樣有現金儲值功能。另外,

圖19 持有PayPal近11個月，波段獲利達26%
——PayPal（美股代號：PYPL）日線圖

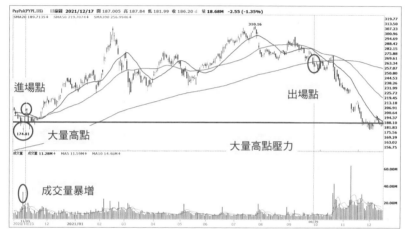

註：1. 統計時間為 2020.10.23 ～ 2021.12.15；2. 桃紅線為月線（SMA20）、橘線為季線（SMA50）、
藍線為年線（SMA200）　資料來源：XQ 全球贏家

Square 也為美國許多中小商家提供金流，以及後台軟體支援服務。

在美國，由於銀行信用審核標準嚴格，會要求刷卡金額應高於一定
數字，所以有很多中小型商家無力負擔申請安裝刷卡機費用，也使得
民眾到這些地方消費沒辦法刷卡付款。

這就像夜市擺攤是小本生意，很少有人會去申請安裝刷卡機，銀行

基本上也不會審核通過，而 Square 就看到這需求，會提供這些小商家相關硬體設備，讓它們可以方便刷卡收款，並且提供相關後台軟體服務，幫助這些商家經營更有效率。

截至 2021 年 9 月 30 日止，Square 大約有 33.57% 的交易量來自年度總支付金額低於 12 萬 5,000 美元的商家，等於每月平均刷卡金額大約只有新台幣 30 萬元左右。

Square 將營收分為 4 類：

①**交易收入**：處理金流時收取的手續費，以總支付金額計算抽成，貢獻總營收 33.73%。

②**訂閱及服務收入**：除金流服務外，另提供商家各種後台軟體服務，例如網站經營、庫存管理、電子發票等服務，貢獻總營收 18.07%。

③**硬體收入**：如讀卡機、POS 機等，貢獻總營收 0.9%。

④**比特幣收入**：提供客戶在 Cash App 購買比特幣的服務，貢獻總營收 47.22%。

圖20 Square上市6年多，股價上漲逾12倍
——Square（美股代號：SQ）日線圖

註：統計時間為 2015.11.19～2021.12.15　　資料來源：XQ 全球贏家

　　雖然比特幣貢獻 Square 總營收高達 47.22%，但毛利潤貢獻不到 4%，讀卡機、POS 機等硬體更是賠錢賣，目的是商家拿到硬體後，後續處理金流及訂閱軟體時，Square 可以從中獲得利潤。

　　若以 Square 的總毛利潤來看，目前交易收入占總毛利潤 47.9%，而訂閱及服務收入占總毛利潤 49.66%，這兩塊業務是 Square 最重要利潤來源。

2021 年 11 月 4 日，Square 公布 2021 財年第 3 季財報：營收
38 億 4,500 萬美元，相比 2020 年同期成長 27%。由於比特幣幾
乎沒有貢獻 Square 利潤，因此以扣除比特幣的營收更能衡量營運表
現。根據財報可知，Square 扣除比特幣的營收為 20 億 3,400 萬美
元，相比 2020 年同期成長 45%，仍維持強勁成長。

　　但轉化為利潤後可發現，Square 獲利能力明顯轉弱，總毛利潤 11
億 3,000 萬美元，雖然仍相比 2020 年同期成長 43%，但比上季衰
退 0.8%，對以高成長為目標的 Square 來說，是不及格的表現。

　　若將總毛利潤以不同業務區分，賣方生態毛利潤 6 億 600 萬美元，
相比上季成長 3%，表現還算不錯，但 Cash App 毛利潤 5 億 1,200
萬美元，相比上季衰退 6.3%，也是 Square 在 2021 財年第 3 季報
公布後股價大跌的原因。

　　Square 業務可分為「賣方生態系統」及「Cash App」2 部分，分
述如下：

業務①》賣方生態系統
　　賣方生態系統是 Square 為商家提供的訂閱服務，包含發票處理、

庫存管理、員工管理、數據分析等。隨著愈來愈多消費者重回實體店家，賣方生態系毛利潤仍持續成長，平台支付金額 417 億美元，成長 24%，預計 2021 年 10 月份毛利潤可成長 45%。

此外，Square 持續向大型商家發展的策略，使得年度平台支付金額超過 50 萬美元的商家占總支付金額的 37%，比 2020 年同期的 31% 更高。由於大型商家更能抵禦景氣下滑，這有助 Square 未來營運更加穩定。

業務②》Cash App

不過值得注意的是，2021 財年第 3 季，Cash App 儲值金額相比 2020 年同期成長 143%，但同時毛利潤只有成長 33%，更比上季衰退 6.3%。

理論上，隨著消費者儲值的金額愈來愈高，Cash App 收到的手續費也會愈來愈多，但實際上，Cash App 的毛利潤卻沒有跟著儲值金額有同等幅度成長，這可能代表用戶參與度正在下滑。

2020 年，Square 受惠疫情加速行動支付趨勢，而且美國有許多民眾以 Cash App 領取紓困津貼，也推升 Cash App 活躍用戶超過

4,000 萬人。如今為了鼓勵人們重回工作崗位，美國各州紓困方案在 2021 年 9 月陸續到期，推估未來 Cash App 活躍用戶成長可能有所趨緩，並影響公司未來毛利潤表現。

另外，比特幣交易業務對 Cash App 用戶的吸引力也在下降，雖然比特幣交易業務幾乎沒有貢獻利潤，但可以吸引用戶存下更多資金在 Cash App 中，是 Square 吸引用戶的行銷手法。

然而這季比特幣營收相比 2020 年同期只有成長 11%，Square 表示，主因是比特幣價格穩定緣故，但若實際情形是用戶對投資比特幣熱情下降，將目光轉移到許多更小眾的加密貨幣身上，對 Cash App 留存用戶也會造成影響。

為了推動未來營運成長，Square 表示，將會加大行銷支出，預計 2022 年營業費用會成長 40%，用於研發更多產品，並吸引更多商家及用戶加入賣方生態系及 Cash App，推動未來成長加速。

Square 最大目標仍是在 Cash App 推出更多金融服務，例如 2021 年 8 月宣布以 290 億美元收購 Afterpay，不久後將會推出「先買後付（buy now, pay later，BNPL）」服務，並且也擴增自動貸款

圖21 持有Square 8個多月，波段獲利達86%
——Square（美股代號：SQ）日線圖

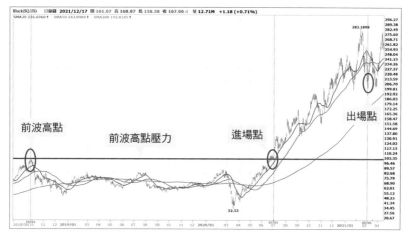

註：1. 統計時間為 2018.08.16 ～ 2021.04.16；2. 桃紅線為月線（SMA20）、橘線為季線（SMA50）、
藍線為年線（SMA200）　資料來源：XQ 全球贏家

及 AI 保險等功能，藉此推動活躍用戶持續成長，從而提升利潤表現。

　　我上次加碼 Square 是在 2020 年 7 月，當時我發現 Square 在
2020 年 7 月 1 日順利突破 2018 年 10 月 1 日前波高點 101.15
美元壓力（詳見圖 21 紅線），所以決定進場加碼，當天收盤價
是 115.9 美元。隨後 Square 成功發動漲勢，股價從未再往下跌破
2018 年 10 月 1 日前波低點 96.6 美元，並沿著月線強勁上漲。中

間有幾次股價跌破月線整理時，也都能很快回到月線上方。

　　直到 2021 年 3 月 5 日，Square 股價大幅跌破月線及季線支撐，我決定獲利了結，若以當天的收盤價 216.44 美元計算，波段獲利幅度達 86.75%（＝ 216.44 美元 ÷ 115.9 美元－ 1×100%，詳見圖 21）。

　　後來 Square 股價在我賣出後不久就立刻反彈，我根本砍在阿呆谷。不過就算股價有反彈，但 Square 股價也無法突破 2021 年 2 月 16 日波段高點 283.19 美元。一直到 2021 年 8 月 5 日，Square 股價才又創歷史新高，來到 289.23 美元。但沒過幾天也被確認是假突破，Square 股價隨即又回檔至年線附近，更在 2021 年 11 月 8 日大幅跌破年線，趨勢明顯轉弱。

　　從 2021 年 8 月 5 日以來，Square 回檔幅度最多高達 43.66%（＝ 2021 年 12 月 15 日最低價 162.96 美元 ÷ 2021 年 8 月 5 日最高價 289.23 美元－ 1×100%）。

　　我認為 Square 未來營運發展依然值得期待，但 Square 作為高成長股，股價波動往往更高，必須搭配技術分析判斷趨勢，才是更能控制

風險的方式。之後我會耐心等待 Square 往上突破年線壓力轉強，再來找機會布局。

案例14》Visa：上市以來連續配息12年

Visa 是全球最大信用卡發卡公司，當我們使用信用卡刷卡買東西時，Visa 會負責將我們的錢轉給店家，由於店家的收款銀行跟我們的發卡銀行未必一致。為了讓交易更方便，並保障交易安全，Visa 會提供金融機構、店家與消費者電子支付服務，並從中收取手續費。

2021 年 10 月 26 日，Visa 公布 2021 財年第 4 季財報：營收 65 億 5,900 萬美元，相比 2020 年同期成長 28%；每股盈餘 1.62 美元，相比 2020 年同期成長 44%；本季全球支付金額 2 兆 8,000 億美元，相比 2019 年成長 21%，超過疫情前水準，並創下新高紀錄。

表現最低迷的仍然是跨境交易，本季全球跨境交易量只有 2019 年的 86%，但相比 2020 年同期仍然強勁成長 44%，依然穩定復甦向上，隨各國邊境陸續開放，全球國際旅遊支出仍會持續復甦。

其中，加拿大、美國及歐洲都強勁成長，只有亞太地區表現最弱，

目前旅遊支出只有 2019 年的 30%，主因在於亞太地區普遍疫苗接種率較低，對邊境管制更嚴格，也影響復甦腳步。

Visa 表示，2021 年 10 月前 3 週，美國支付金額相比 2019 年成長 32%，仍維持強勁消費動能。以當前消費趨勢預估，2021 年 10 月～12 月營收將有雙位數成長，並樂觀認為 2022 年業績仍會穩定向上。

以全年來看，Visa 預估 2021 財年營收成長 10%，每股盈餘 5.91 美元成長 17%，超過疫情前水準，並認為 2022 財年營收可成長 15%，可望續創新高。

未來營運最大變數取決於各國旅遊何時完全恢復，特別是亞太地區主要國家何時開放，將會影響未來營運表現，預計國際旅遊必須到 2023 年夏天才可回到 2019 年水準。

2020 年，Visa 說 2021 年夏天就會恢復國際旅遊；2021 年，Visa 說 2023 年夏天才能恢復國際旅遊，這也讓 Visa 財報發布後股價大跌近 7%。不過，我認為這也不能怪 Visa 看不準，疫情這種東西本來就很難說，當初也沒人想到疫情可以拖那麼久，竟然到現在都還

不能正常出國玩。

　但隨營運穩健向上，Visa 仍宣布配息 0.375 美元，相比 2020 年同期增加 17%，邁向連續 13 年調升股息，對於追求穩定配息的投資人來說很有吸引力。我認為 Visa 依然是數位支付的領導者，Visa 業務有很強的網絡效應，只要愈來愈多消費者及商家使用 Visa 支付系統，就會吸引更多商家及消費者加入。

　Visa 在 2020 財年處理支付金額高達 9 兆美元，並擁有將近 1 萬 6,000 家金融機構合作夥伴，以及超過 5,000 萬家商家合作，且在全球發行超過 34 億張 Visa 卡，市占率超過 5 成，這是第 2 名 Mastercard 的 2 倍以上。

　並且 Visa 在未來仍有許多成長機會，雖然目前有許多支付新創業者加入戰局，推出行動錢包或先買後付等服務，想取代傳統信用卡。但即便傳統信用卡最終真的消失，只要支付新創業者依然選擇使用 Visa 的支付網路轉移金流，對 Visa 業務影響就非常有限。

　例如，現在有愈來愈多人使用 Line Pay 服務，只要拿出手機掃描就能立即付款，使用起來相當方便，但 Line Pay 還是必須綁定信用卡號

才能付款，對 Visa 來說，只是信用卡消失了，但背後金流機制並沒有改變。

由於各國支付基礎設施、法規及結算系統都不同，這都大幅增加鋪建支付網路難度，而 Visa 遍布全球的支付網路，反而可幫助支付新創業者更快擴張營運規模。

舉例來說，近來「先買後付」業務蓬勃發展，雖然 2020 年支付金額只有 1,500 億美元，相比全球支付金額超過 20 兆美元占比相當低，但 Visa 相當看好未來成長前景，並積極提供支付網路解決方案。

現在有愈來愈多客戶像是 FIS、Moneris、Global Payments、CIBC、HSBC、ScotiaBank 及 Klarna 等，都使用 Visa 推出的 BNPL 服務解決方案。Visa 認為，若 BNPL 業者加入 Visa 支付網路後，就可立即接觸超過 5,000 萬家商家，無須再自行鋪建支付網路，並更快實現營運擴張，形成雙贏局面。

對 Visa 來說，提供最便捷的支付服務才是核心，隨著更多支付工具不斷推陳出新，反而有助於吸引更多用戶接受數位支付，強化支付生態系，推動未來持續成長。不論消費者想用行動錢包、先買後付或加

圖22 Visa目前股價低於2020年疫情爆發前水準
——Visa（美股代號：V）日線圖

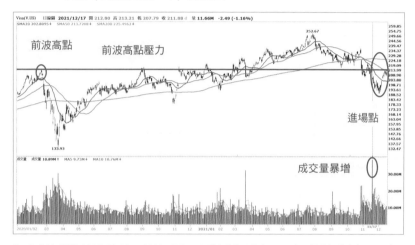

註：1. 統計時間為 2020.01.02 ～ 2021.12.15；2. 桃紅線為月線（SMA20）、橘線為季線（SMA50）、藍線為年線（SMA200）　資料來源：XQ 全球贏家

密貨幣付款，只要沒有繞過 Visa 支付網路，Visa 都能從中收取手續費，就像高速公路收費站一樣，這是非常穩定的獲利來源。

我認為 Visa 可說兼具配息股及成長股的特色，考量 Visa 營運確實在穩健復甦，現在獲利也早超過疫情前水準，但 Visa 最新股價卻低於疫情爆發前的 2020 年 2 月 19 日前波高點 214.17 美元壓力（詳見圖 22 紅線），我覺得有點低估了。

我最近一次加碼 Visa 是在 2021 年 11 月 17 日，當天成交量非常大，代表當天買賣的人特別多。雖然目前 Visa 股價跌破年線表現弱勢，但由於我仍看好 Visa 未來營運發展，並且考量 Visa 兼具配息股的特色，通常會使股價往下跌幅較小，若未來股價又繼續下跌且爆量，我還是會分批慢慢加碼。

案例15》IPAY：行動支付產業ETF

　　我認為，雖然 PayPal、Square 或 Visa 彼此間有一定程度的競爭，但卻有共同目標，那就是讓無現金社會可以及早來臨，希望消費者可以不要再拿現金消費。

　　而疫情也正在加速此趨勢，因為現金在很多人手上流通，接觸到病菌的機率更高，無須接觸的移動支付會更受消費者青睞。對消費者來說，只要拿著手機一掃就能付款，可以不用再帶錢包出門，也增添便利性，而對商家來說，無現金也可減少管理成本，並增加安全性。

　　根據 Market Research Future 研究，行動支付是高速成長的市場，預計 2023 年行動支付市場規模將達到 3 兆 3,000 億美元，每年成長 32%。

表3 ETFMG卓越移動支付ETF的總管理費為0.75%

——ETFMG卓越移動支付ETF（美股代號：IPAY）相關資料

英文名稱	ETFMG Prime Mobile Payments ETF		
ETF名稱	ETFMG卓越移動支付ETF	交易所代碼	IPAY
發行公司	ETFMG	總管理費用（％）	0.75
成立日期	2015.07.15	ETF市價	57.04美元（2021.12.02）
ETF規模	1,020（百萬美元，2021.11.30）	追蹤指數	Prime Mobile Payments Index
投資策略	本基金所追蹤之指數為Prime Mobile Payments Index，在扣除各種費用和支出之前追求達到和指數一樣的投資表現		

資料來源：MoneyDJ

除了投資行動支付幾個主要玩家，如 PayPal、Square 或 Visa 等業者外，若看好行動支付產業未來發展，我覺得投資行動支付產業 ETF 也是不錯的選擇。不用擔心消費者選擇何種支付工具，只要消費者使用現金支付的比率愈來愈低，移動支付產業就可持續受益。

我認為可以觀察的行動支付產業 ETF 為「ETFMG 卓越移動支付 ETF（ETFMG Prime Mobile Payments ETF，美股代號：IPAY）」，成立於 2015 年 7 月 15 日。截至 2021 年 11 月底，資產規模為 10 億 2,000 萬美元，管理費 0.75%（詳見表 3）。

IPAY 持股組合以行動支付領域相關的股票為主，像是美國運通（American Express，美股代號：AXP）、Mastercard、Square、Visa、Paypal 等，都是主要成分股。透過投資這檔 ETF，就能夠參與行動支付產業成長。

　　我最近一次加碼 IPAY 是在 2020 年 11 月 3 日，當時 IPAY 股價相當接近年線，我認為有機會在這止跌，所以決定進場加碼。後來 IPAY 在 2021 年 9 月 30 日跌破年線，我決定獲利了結，波段獲利達 29.22%（＝ 2021 年 9 月 30 日收盤價 67.67 美元 ÷2020 年 11 月 3 日收盤價 52.37 美元－ 1×100%，詳見圖 23）。

　　我仍樂觀看待未來行動支付產業發展，若未來 IPAY 股價重回年線上方轉強，依然是值得留意的機會。

案例總結

　　透過前述這 15 個實戰案例可發現，其實每檔股票進出判斷邏輯都會略有差異，我會依據每家企業成長性的不同、對未來前景信心的高低及過往股價波動走勢，規畫最合適的進出場策略。

　　如果是以配息為主的公司，我對停損點會抓得比較寬鬆，會這樣做

圖23 持有IPAY近11個月，獲利達29%
──ETFMG卓越移動支付ETF（美股代號：IPAY）日線圖

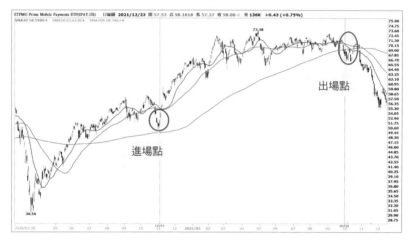

註：1. 統計時間為 2020.02.20 ～ 2021.12.15；2. 桃紅線為月線（SMA20）、橘線為季線（SMA50）、藍線為年線（SMA200）　資料來源：XQ 全球贏家

的原因是通常配息股的波動也較低，太過執著在技術分析上進進出出，參考意義也較低，除非短期內漲幅實在太大，例如股價 1 個月內上漲超過 20% 以上，我會再搭配技術分析，讓獲利可適時放進口袋。

我加碼配息股的方式會以往下分批加碼為主，例如實戰案例中的 Visa 我就打算每跌到爆量就加碼一批，但也會同時控制好最高投資比重上限。一般而言，我投資單一個股比重都不會超過 10%，最多不會

超過 15%，避免誤判情勢還重壓，因而導致整體資產大賠。

　　而若往下加碼過程中，當我發覺未來企業競爭力確實可能長期轉弱，將導致未來獲利難以恢復成長，可能造成股價長期低迷，那我也隨時做好停損準備。

　　虧錢並不用太過放在心上，與其煩惱什麼時候回本，還不如找可以抱得舒服的公司，將同樣資金轉往更有把握的機會。

　　而我加碼成長股的方式則會以往上分批加碼為主，並對停損點也會抓得比較嚴格，會這樣做的原因是通常成長股的波動也比較高。以實戰案例中的 Snap 為例，股價自最高點 83.34 美元（2021 年 9 月 24 日最高價）下跌至最低點的 44.08 美元（2021 年 12 月 15 日最低價），跌幅高達 47.11%，若決定往下分批加碼，還真的會接刀接到手抽筋。

　　所以我認為成長股更適合往上分批加碼，也就是當股價突破均線、趨勢線、大量高點及前波高點等壓力轉強時再來布局。當股價往上突破壓力時，原有的壓力就化為支撐，進場後若股價再度往下跌破支撐時，再考慮停損出場即可，而若股價如預期上漲，則可將停利點適時

上調，將獲利放進口袋。

　　通常我會將停損點設在支撐下方的 5% ～ 10%，若一跌破支撐就停損，常常很容易被洗出場，不容易抱到波段，所以必須給股價一點緩衝空間。但若我發覺今天股價開盤直接大跌，一次貫穿好幾個重要支撐，而當時市場氣氛又過熱，也會先減碼出場。

　　畢竟影響股價漲跌的因素很多，企業估值、未來展望及市場氣氛都會彼此互相影響，當市場氣氛非常樂觀、企業估值很高，未來展望趨緩，我往往更加保守，而市場氣氛非常悲觀、企業估值很低，未來展望良好，我往往更加積極，所以並不能只固守單一公式，而是依據情勢變化，思考最適合的策略，才能找到屬於自己的獲利方程式。

後　記

成就更好的自己

10多年前我剛從中央警察大學畢業時，不懂投資，那時候工作很忙碌，常常深夜輪班，每當有大型活動，例如跨年晚會、元宵燈會等，由於警力有限，人潮無限，停止休假是很正常的狀況。

再加上我們警察要負責維持會場安全，也要保持交通順暢，所以我常常直接睡在公司，隔天醒來繼續上班。

我原本以為之後的人生，大概會這樣一直忙碌下去，然後慢慢等退休。直到有一天，我偶然接觸退休業務，研究相關法令後才發現，原來退休金並沒有想像中有保障，這激起了我研究投資的想法。我開始看很多書，研究各種投資方式。

最初，我也是從台股開始研究，但我很快發現，台股並不適合自己。一方面是當時台股還沒開放盤中零股交易，一張一張買對我來說是很大負擔；另一方面則是台股很多電子代工廠，我也不太懂那些電子零組件有什麼用，所以很快就放棄投資台股。

雖然放棄投資台股，但我發現，這些台灣的電子代工廠有個共同特色，它們的最大客戶都是美國手機大廠蘋果（Apple，美股代號：AAPL）。再加上，當時身邊拿 iPhone 的朋友也愈來愈多，所以我就想，為什麼不直接買蘋果就好？

　　然後花很多時間收集資料後發現，其實只要開立美股帳戶，就能投資美國很多好公司。且研究得愈久，我愈覺得美股實在太好玩了，不知不覺間，除了買蘋果以外，我買的美國公司愈來愈多，像是好市多、星巴克、迪士尼、微軟、Adobe 等（註 1），都在我的買進名單上。

　　不過，當時身邊研究美股的人真的非常少，直到約 6 年前，我因為工作受傷在家長期休養。當時左腿骨折行走很不方便，每天宅在家超無聊，我想說不然就成立粉絲團，來跟大家分享美股投資。

　　想不到這個偶然成立的粉絲團，也不知不覺過了那麼多年，比起10 多年前我花很多時間研究美股，現在美股資訊愈來愈豐富，也有

註 1：好市多（Costco）美股代號：COST、星巴克（Starbucks）美股代號：SBUX、迪士尼（Disney）美股代號：DIS、微軟（Microsoft）美股代號：MSFT、Adobe 美股代號：ADBE。

愈來愈多人認識美股，讓我覺得自己做了一件非常有意義的事。

　　隨著我資產持續累積，達成原先規畫的財務目標，投資收入超過工作所得，我決定在 2019 年 6 月辭去警官工作，全心陪伴女兒長大。這段期間，女兒從幼兒園到小學，我從來不錯過學校的大、小活動，不論親子座談、園遊會或耶誕舞會都會參與，把握女兒成長的每一刻。

　　以前我還在警界時，請假很困難，陪伴家人的時間並不多，每次請假都只能看長官臉色，而長官總會刻意刁難，覺得他沒請假，你為什麼請假。有時候就算請假了，也常臨時有勤務，只能銷假上班。

　　還記得我想準備報考研究所時，長官知道後，竟然厚臉皮地說幫他準備一份審查資料，後來我不想理他，他就開始到處講我壞話。

　　隨著工作經驗愈來愈多，我發現人常都在比較，比考績、比功獎、比誰能討好長官，我覺得這都不是我要的生活，自己人生應該自己決定，而不是讓別人決定。我覺得趁有能力賺錢時，就應該謹慎理財，及早開始投資，這樣才有人生自主權，可以自由安排想做的事，可以決定事情先後順序，可以做最有熱情的事。而我因為做好投資這件事，讓我覺得人生真的不一樣了。

當然人生不會總是一帆風順，就在我 2019 年辭職沒多久後，2020 年初爆發新冠肺炎（COVID-19），為了避免疫情擴散，各國實施封城斷航，導致許多百貨業大受打擊，營收近乎歸零，只能申請破產倒閉。

而我在疫情爆發前，曾投資美國傑西潘尼百貨（JCPenney，已下市）發行的 2020 年 6 月到期公司債。當時傑西潘尼百貨的流動資金高達 17 億 8,000 萬美元，但 2020 年 6 月到期的債務卻只有 1 億 500 萬美元，手上資金相當充裕，且接下來要到 2023 年，傑西潘尼百貨才有大筆債務到期，因此我認為，傑西潘尼百貨應可正常支付利息，並在 2020 年 6 月如期償還債務。

此外，傑西潘尼百貨經營層還從 2019 年 6 月至 9 月間，陸續買進價值高達 247 萬美元的自家股票，更讓我認為，傑西潘尼百貨的經營層有持續經營的決心，也使我更堅定持有這檔公司債。

然而人算不如天算，當時的我從沒想過未來會有疫情爆發，最終使得傑西潘尼百貨不敵疫情衝擊，只能在 2020 年 5 月 15 日申請破產保護，讓公司債價格一夕大跌。面對此種情況，我也只能斷然停損，虧損超過新台幣百萬元。

★

　　事後回想決策流程，我覺得傑西潘尼百貨原本債務負擔就過重，本業也在持續下滑，違約風險本來就高。但我也存有僥倖心態，畢竟 2020 年 6 月到期債務非常少，公司資金也很充裕，就算申請破產也是 6 月之後的事，甚至經營層還在 2019 年大量買進股票，種種考量使我沒有在相對高點賣出。

　　所幸我資產配置足夠分散，傑西潘尼百貨倒債對我整體影響相對有限，但虧損金額創下新高紀錄，對我來説也是痛苦萬分。坦白説，我過往投資幾乎是順風順水，這是我人生最重大的挫敗。不過，雖然當時我覺得失望又沮喪，但我相信從失敗中學習的經驗遠比成功更多，只有如此才能成就更好的自己。後來我評估公司都會更加謹慎，並更重視風險控管，從不過度相信自己判斷，因為這個世界，永遠都會有黑天鵝出現。

　　投資路上一定會有犯錯的時候，但只要避免犯下重大錯誤，就永遠都有翻身機會。努力堅持每一天，專注朝目標前進，就會距離夢想愈來愈近。

Note

國家圖書館出版品預行編目資料

美股警官的實戰選股攻略/施雅棠著. -- 一版. -- 臺北
市 ： Smart智富文化，城邦文化事業股份有限公司,
2022.01
　面；　公分
ISBN 978-986-06874-8-4(平裝)

1.股票投資 2.證券市場 3.美國

563.53　　　　　　　　　　　　　110020484

Smart 智富
美股警官的實戰選股攻略

作者	施雅棠
企畫	周明欣

商周集團
榮譽發行人	金惟純
執行長	郭奕伶
總經理	朱紀中

Smart 智富
社長	林正峰（兼總編輯）
副總監	楊巧鈴
編輯	邱慧真、胡定豪、施茵曼、陳婕妤、陳婉庭、劉鈺雯
協力編輯	曾品睿
資深主任設計	張麗珍
封面設計	廖洲文
版面構成	林美玲、廖彥嘉

出版	Smart 智富
地址	104 台北市中山區民生東路二段 141 號 4 樓
網站	smart.businessweekly.com.tw
客戶服務專線	（02）2510-8888
客戶服務傳真	（02）2503-5868
發行	英屬蓋曼群島商家庭傳媒股份有限公司城邦分公司

製版印刷	科樂印刷事業股份有限公司
初版一刷	2022 年 1 月
ISBN	978-986-06874-8-4

Smart 智富 讀者服務卡

為了提供您更優質的服務，《Smart 智富》會不定期提供您最新的出版訊息、優惠通知及活動消息。請您提起筆來，馬上填寫本回函！填寫完畢後，免貼郵票，請直接寄回本公司或傳真回覆。Smart 傳真專線：（02）2500-1956

1. 您若同意 Smart 智富透過電子郵件，提供最新的活動訊息與出版品介紹，請留下電子郵件信箱：_____

2. 您購買本書的地點為：□超商，例：7-11、全家
   □連鎖書店，例：金石堂、誠品
   □網路書店，例：博客來、金石堂網路書店
   □量販店，例：家樂福、大潤發、愛買
   □一般書店

3. 您最常閱讀 Smart 智富哪一種出版品？
   □ Smart 智富月刊（每月 1 日出刊）　　□ Smart 叢書　　□ Smart DVD

4. 您有參加過 Smart 智富的實體活動課程嗎？　　□有參加　　□沒興趣　　□考慮中
   或對課程活動有任何建議或需要改進事宜：_____

5. 您希望加強對何種投資理財工具做更深入的了解？
   □現股交易　　□當沖　　□期貨　　□權證　　□選擇權　　□房地產
   □海外基金　　□國內基金　　□其他：_____

6. 對本書內容、編排或其他產品、活動，有需要改善的事項，歡迎告訴我們，如希望 Smart 提供其他新的服務，也請讓我們知道：_____

您的基本資料：（請詳細填寫下列基本資料，本刊對個人資料均予保密，謝謝）

姓名：	性別：□男 □女
出生年份：	聯絡電話：
通訊地址：	

從事產業：□軍人　□公教　□農業　□傳產業　□科技業　□服務業　□自營商　□家管

您也可以掃描右方 QR Code、回傳電子表單，提供您寶貴的意見。

想知道 Smart 智富各項課程最新消息，快加入 Smart 自學網 Line@。

●填寫完畢後請沿著右側的虛線撕下。

Smart 智富

書號：WBSI0108A1
書名：**美股警官的實戰選股攻略**